VEGAN
ganz anders

PATRIK BABOUMIAN
& Katy Statetzny
EINE ANLEITUNG ZUM GROSS UND STARK WERDEN

„Die Pflicht des Stärkeren"- nicht „das Recht des Stärkeren"

Wir leben in einer Welt, die noch immer durch das Faustrecht regiert wird. In einem globalisierten Wirtschaftssystem schlucken große Konzerne kleinere Konkurrenten und werden so mächtig, dass selbst Staaten und deren Regierungen nach ihrer Pfeife tanzen. Politik und Kultur werden von denjenigen, die es sich leisten können, den schwächeren einfach aufgezwungen. Demokratie wird zu einer perversen Karikatur ihrer selbst und mit Hilfe von Panzern Granaten und bewaffneten Drohnen Richtung Osten „exportiert".

Doch wir müssen nicht unbedingt die Nachrichten bemühen, um das „Recht des Stärkeren" am Werke zu sehen. Im Arbeitsalltag und in Schulen wenden sich Vorgesetzte und Lehrer täglich tausendfach gegen Opfer von Mobbing, an-

statt diejenigen zu sanktionieren, die andere durch ihre Macht unterdrücken und im Extremfall psychisch und physisch angreifen. Warum machen die Mächtigen das? Manchmal schlicht aus Feigheit. Es ist bequemer, den Schwächsten in einem Konflikt zu bestrafen, als Partei für diesen zu ergreifen und zu riskieren, dass man selbst zum Außenseiter wird. Es heißt also Bequemlichkeit vs. Courage. Und wir werden leider in den meisten Fällen von Feiglingen und Opportunisten regiert. Gefällt euch das? Ist das etwa wahre Macht? Ist das vielleicht wahre Stärke? Opportunismus und Rückgratlosigkeit? Ich glaube kaum! Wir müssen eine Welt schaffen, in der Macht und Stärke zu Synonymen für Verantwortungsbewusstsein werden.

Nicht das Recht, sondern die Pflicht des Stärkeren soll unser Gesetz sein!

INHALTSVERZEICHNIS

VORWORT

MOTIVATION

ERNÄHRUNGSKOMPASS

KATY ERZÄHLT

REZEPTTEIL

DAS ENDE

FAQ

BADASS TAGESPLAN

DANKSAGUNG

IMPRESSUM

VORWORT

In dem Moment, in dem ich diese Zeilen schreibe, wiege ich 125 kg. Ich ernähre mich dabei seit nun schon zwei Jahren komplett vegan, d.h. also ausschließlich pflanzlich und nehme keinerlei tierische Produkte zu mir. Die Tatsache, dass ich mit der veganen Ernährung eine solche Körperfülle erreichen kann, versetzt Zeitgenossen immer wieder in großes Staunen und immer wieder gibt es exakt die gleichen Fragen.

Was sind deine Proteinquellen? Wie kannst du trotz deiner veganen Ernährung so schwer sein? Besonders charmant war mal die Frage, die ich von einem älteren Herrn während eines Vortrags in Polen erhalten habe. Er fragte mich, wie man eigentlich mit veganer Ernährung so dermaßen fett werden kann. Nun, meine Antwort für den älteren Herrn und für auch eben alle, die sich diese Frage stellen, ist: ob man fett ist oder nicht, hängt nicht davon ab, ob man sich vegan ernährt oder eben nicht, sondern davon, ob man einfach zu viel isst und ich esse definitiv zu viel. Ich esse einfach wesentlich mehr, als mein Körper verbraucht und dementsprechend lege ich an Gewicht zu. Dabei ist es vollkommen egal, ob ich mich vegan ernähre oder nicht. Der Grund, warum ich mich vegan ernähre, hat erst einmal nichts mit Ernährungsphysiologie zu tun, sondern damit, dass ich Tierleid vermeiden möchte. Ich möchte durch meine Ernährung auf keinen Fall dazu beitragen, dass tierische Lebewesen ausgebeutet werden oder für mich sterben müssen. Das ist der primäre Grund, warum ich mich vegan ernähre. Jetzt muss ich mir die Gegenfrage stellen, warum eigentlich immer wieder Menschen so erstaunt sind, warum man mit veganer Ernährung wunderbar an Körpergewicht zulegen kann. Mir scheint, dass dabei ein einfacher kleiner Denkfehler eine riesengroße Rolle spielt: in dem Moment, in dem man erzählt, dass man sich rein pflanzlich ernährt, denkt nämlich jeder sofort an Grünzeug. Das soll heißen, dass das erste Bild, das man vor Augen hat, ist, dass jemand, der sich vegan ernährt, wahrscheinlich hauptsächlich Gemüse und Salat isst. Wir wissen, dass Gemüse und Salat zu einem großen Anteil einfach nur aus Wasser besteht, d.h. wenn man große Mengen an Kalorien zu sich nehmen will, müsste man gigantische Mengen Gemüse und Salat essen. Deswegen fragen sich vermutlich viele Leute, wie man es mit einer veganen Ernährung schaffen kann, bei einer niedrigen Kaloriendichte so schwer zu werden und auf seine Kalorien zu kommen, um an Körpergewicht zuzulegen. Nun, dabei muss man ganz einfach bedenken,

dass vegane Ernährung eben nicht ausschließlich aus Salat und Gemüse besteht, sondern beispielsweise aus Dingen, die hochkalorisch sein können wie z.B. Nüsse oder Hülsenfrüchte, die ganz wunderbare Energieträger sind. Wenn wir uns diejenigen Nahrungsmittel, die wir auch bei fleischverzehrenden Zeitgenossen als Energiequelle finden, anschauen, sind das meistens auch rein pflanzliche Nahrungsmittel. Aufzählen möchte ich an dieser Stelle Reis oder Nudeln aus Hartweizengrieß (keine Eiernudeln). Kartoffeln und Haferflocken sind auch wunderbare pflanzliche Energiequellen. Schauen wir uns die Hülsenfrüchte an: Erdnüsse sind eine wunderbare Quelle für Eiweiß. Sie haben einen höheren Anteil an Eiweiß als beispielsweise ein Steak und wir haben auch im Grunde genommen eine höhere Kaloriendichte, als bei den meisten tierischen Produkten. Die Erdnuss enthält auch eine ganze Menge an pflanzlichen Fetten. Sie eignet sich also wunderbar, um uns mit Kalorien und mit Protein zu versorgen. Ich könnte jetzt ewig so weiter machen und alle möglichen Hülsenfrüchte wie Bohnen, Linsen, Erbsen usw. und deren Inhaltsstoffe aufzählen. Wir würden feststellen, dass es ganz problemlos möglich ist, seinen Eiweißbedarf, als auch seinen Energiebedarf aus pflanzlichen Quellen zu decken und wie man es an meinem Körper gut sehen kann, ziemlich dick damit zu werden.

Ich schreibe dieses Buch zum einen, um Antworten auf mir immer wieder gestellte Fragen zu meiner Ernährung zu geben und für all diejenigen, die generell daran interessiert sind, wie ich meine Ernährung konzipiere, um auf vegane Art und Weise an Körpergewicht, Kraft und an Muskulatur zuzulegen.

Zum anderen möchte ich darüber hinaus auch noch einen kleinen Einblick in die Besonderheiten meiner speziellen Art und Weise- wie ich also meine vegane Ernährung gestalte- bieten, weil ich einfach denke, dass es gewisse Dinge gibt, die ich anders mache. Vielleicht kann ich dem einen oder anderen ganz nützliche Hinweise dazu bieten, wie man in seinem Alltag bestimmte Dinge praktisch gestalten kann, um Zeit und Aufwand zu sparen.

Dazu kann ich vorweg schon einmal sagen, dass ich eine sehr pragmatische Herangehensweise an die Ernährung habe. Ich habe noch nie eine Wissenschaft aus der Ernährung gemacht, weder bevor ich vegan wurde, noch nach meinem Wechsel zur veganen Ernährung. Ich habe ein gewisses Grundwissen zur Ernährungs-physiologie, weil ich seit 20 Jahren Leistungssport betreibe und mich in dieser Zeit sehr intensiv und mit einem gewissen Anspruch mit dem Thema Ernährung beschäftigt habe. Ich bin aber bei allem Studium von unzähligen wissenschaftlichen Publikationen immer noch der Meinung, dass man im Alltag keine Wissenschaft aus der Ernährung machen darf, weil Essen zum einen Spaß machen muss und zum anderen ich einfach der Meinung bin, dass der Prozess der Nahrungsaufnahme konzeptionell in unseren Stoffwechsel, unseren Tagesablauf und unzählige andere individuelle Faktoren, die keine mustergültigen Patentrezepte zulassen, eingebettet sein muss.

Wenn man sich dieses sehr komplexe System anschaut, dann ist es sicherlich sehr naiv zu denken, dass man alles aufs Gramm genau abwiegen kann und dementsprechend seine Ernährung sozusagen auf das „Fitzelchen" genau steuern kann. Das ist nicht möglich, weil das System einfach zu komplex ist und davon abgesehen ist jeder Tag anders, als der vorangehende. Es wäre ziemlich vermessen, zu denken, dass man sich einen genauen Plan aufstellen kann und genau danach dann jeden Tag sozusagen gleich „programmieren" kann, um dann ganz exakt ganz bestimmte Ziele zu erreichen. Ich halte das für nicht umsetzbar und selbst wenn es umsetzbar wäre, würde ich solch ein Leben als ganz furchtbar empfinden. Es ist vollkommen in Ordnung, wenn sich andere Leute gern einem ganz akribischen Plan unterwerfen wollen und sich damit wohlfühlen, einen sehr strukturierten, bis ins letzte Detail geplanten Tagesablauf zu haben und dementsprechend eben auch so leben. Ich selbst bin da chaotischer und ich genieße dieses Chaos und die Freiheiten, die es mir ermöglicht. Wenn da draußen Leute anderer Meinung sind oder das eben nicht so sehen wie ich, dann möchte ich auch jenen aufzeigen, wie man gewisse Prinzipien in der täglichen Ernährung auf pragmatische Art und Weise umsetzen kann, ohne gleich sein komplettes Leben einem Plan zu unterwerfen.

DAS FLÜSSIGE GEHEIMNIS

Es gibt eine Frage, die mir sehr häufig gestellt wird: „Wie schaffst Du das nur, so schnell an Körpergewicht zuzulegen?" Meist gefolgt von der Aussage: „Ich kann essen, was ich will, ich nehme einfach nicht zu." Das habe ich in den 20 Jahren, in denen ich jetzt aktiv Kraftsport mache, sicher schon tausend Mal gehört. Es gibt auch viele Leute, die sich vegan ernähren, die das gleiche Problem haben, wie viele sich von Mischkost ernährende Menschen, die der Meinung sind, dass sie essen können, was sie wollen und sie legen einfach nicht an Gewicht zu.

Das Problem ist, dass sich diese Leute meistens nicht wirklich der Tatsache bewusst sind, wie viel sie eigentlich an Kalorien zu sich nehmen

Ein „Trick" dabei ist, dass man gigantische Kalorienmengen in Flüssigform zu sich nehmen kann

könnten, wenn sie es auf die richtige Art und Weise tun würden. Ich habe es in den Jahren ganz oft mit Leuten zu tun gehabt, die denken, sie würden viel essen, aber in Wirklichkeit nicht annähernd so viel essen, wie sie könnten, wenn sie wüssten, wie es richtig geht.

Ein „Trick" dabei ist, dass man gigantische Kalorienmengen in Flüssigform zu sich nehmen kann, indem man beispielsweise, wenn man satt ist, einfach noch Flüssigkalorien „hinterher schiebt." Das große Geheimnis, wie ich es über die ganzen Jahre geschafft habe, immer wieder einen Kalorienüberschuss zu erreichen, ist, dass ich meine Kalorien getrunken habe. In bestimmten Zeiten habe ich zu mehr als 60% meiner Kalorien in flüssiger Form zu mir genommen. Das soll heißen, dass ich im Grunde genommen eigentlich wesentlich weniger gegessen habe, als diejenigen Leute, die mich völlig ratlos gefragt haben, was sie machen können, um zuzunehmen. Ich habe bestimmt weniger in fester Form gegessen, als diese Leute und habe aber trotzdem die doppelte Kalorienmenge zu mir genommen, weil ich einfach fast 60 % meiner gesamten Nahrung in Flüssigform zugeführt habe. Der Vorteil von Flüssigkalorien ist, dass sie für den Körper einfach bekömmlicher sind. Es ist einfacher, einen Eiweißshake oder Smoothie zu verdauen, als beispielsweise eine Hand voll Erdnüsse. Dazu kommt noch, dass Flüssigkalorien nicht zu so einer hohen Sättigung führen. Das soll heißen, dass dies für jemanden, der Gewicht verlieren möchte, „tödlich" ist. Eine hohe Kaloriendichte in Lebensmitteln ist ja für denjenigen, der zunehmen möchte, das, was er braucht, nämlich eine hohe Kaloriendichte, damit sein Magen nicht so sehr gefüllt wird und er trotzdem große Kalorienmengen zu sich nehmen kann. Das erreiche ich ganz einfach, indem ich alles, was ich haben möchte, also Eiweiß, Kohlenhydrate, Fett usw. in möglichst hochwertiger Form in den Mixer „werfe" und das Ganze verflüssige, indem ich beispielsweise Sojamilch oder Fruchtsaft hinzufüge und das dann in Flüssigform zu mir nehme. Ich habe zwei Hauptkategorien von Flüssigkalorien. Die eine Kategorie sind Shakes. Ich habe verschiedene Shakes für verschiedene Zielsetzungen. Die andere Kategorie- das ist die jüngere Kategorie- die ich erst seit ich vegan bin, für mich entdeckt habe, die aber absolut gigantische Ergebnisse bringt, sind die Smoothies. Sie haben den Vorteil, dass sie wirklich alles enthalten, was ich meinem Körper geben möchte- nicht nur die Kalorien, sondern auch beispielsweise Vitamine, Mineralien, Spurenelemente, Ballaststoffe usw., eben alles, was mein Körper braucht um „rundzulaufen". Energie ist durch den Zucker aus Früchten auch reichlich enthalten. Ich benutze pflanzliches Eiweiß, dass ich mit in den Smoothie hineingebe. So sind dann alle Mikronährstoffe enthalten. Und wenn ich beispielsweise noch Leinsamenöl dazugebe, dann habe ich noch gesundes Fett, das Omega3 enthält, im Smoothie. Ich kann alles, was mein Körper will, in sehr praktischer Form zuführen und jetzt kommt das gigantische Plus: durch die Art und Weise, wie der Körper Früchte verwertet, haben die Smoothies, die ich mache, eine sehr kurze Verweildauer im Magen, d.h. während ich von einem Shake, der womöglich noch Haferflocken enthält, doch ziemlich gesättigt bin, ist das bei Smoothies nicht so. Sie werden sehr schnell verwertet und stellen so eine sehr geringe Belastung für die Verdauung dar. Nachdem ich einen Smoothie getrunken habe, habe ich nach einer halben Stunde schon wieder Appetit und das ist natürlich hervorragend für jemanden, dessen Ziel es ist, gigantische Kalorienmengen zuzuführen und seinen Körper insoweit „auszutricksen", dass er eben kein Sättigungsgefühl erreicht. Wenn es ein Geheimnis in meiner Art der veganen Ernährung gibt, dann sind es die Smoothies.

VEGETARISCH WAR GESTERN

Bei vielen Leuten, die ich kenne, haben externe Faktoren eine Rolle dabei gespielt, sich für eine vegetarische oder vegane Ernährung zu entscheiden. Bei mir persönlich war das nicht so. Bei mir hat an einem bestimmten Punkt in meinem Leben, ein Denkprozess eingesetzt. Mir ist im Zuge dieses Prozesses, in dessen Verlauf ich mein eigenes Handeln reflektiert habe, einfach klar geworden, dass mein Fleischkonsum nicht mit meinem eigenen Weltbild und mit meinem Mitgefühl, das ich für Tiere empfand, vereinbar war. Es war dieser Widerspruch, welcher mir bewusst wurde und in Folge die Entscheidung, künftig kein Fleisch mehr zu essen, begründet hat. Die Entscheidungsfindung ist

da relativ nüchtern von statten gegangen. Es gab also keine emotional besetzten, externen Faktoren, die auf mich eingewirkt hätten. Was mir in dem Denkprozess bewusst wurde, war, dass ich schon immer in meinem Leben, also eigentlich schon seit meiner Kindheit, sehr mitfühlend mit Tieren gewesen bin. Das hat sich etwa darin geäußert, dass ich beim Anblick von Tierleid immer instinktiv das Bedürfnis hatte, dem Tier irgendwie aus seiner Not zu helfen. So habe ich z.B. einen verletzten Vogel bei mir zu Hause überwintern lassen und versucht, ihn „aufzupäppeln". Ein anderes Mal habe ich zum Beispiel zusammen mit meiner damaligen Freundin einen ganzen Tag damit verbracht, Kaulquappen aus einer austrocknenden Pfütze zu retten. Einem

Harald in unserem Wohnzimmer, wenige Minuten nachdem ich ihn auf der Straße gefunden hatte.

verwaisten Igelbaby (Harald) haben wir im Herbst Zuflucht gewährt und im Haus überwintern lassen, um es dann im nächsten Frühjahr in die Freiheit zu entlassen. Mir wurde eines Tages klar, dass die Tatsache, dass wenn ich einen Vogel vor meinen Augen leiden sehe, ich das Bedürfnis habe, diesem zu helfen, sich nicht damit vereinbaren lässt, dass ich am gleichen Tag in den Supermarkt gehe und Hähnchenbrustfilet kaufe oder irgendwo ein halbes Hähnchen essen gehe, wofür selbstverständlich ein anderer Vogel sterben musste. Es hat absolut keinen Sinn ergeben, dass ich in dem einen Fall mit dem Vogel Mitleid hatte und es mir in dem anderen Fall vollkommen egal war, dass ich Produkte konsumierte, für die Tiere sterben müssen. Mir wurde relativ schnell bewusst, dass das Problem darin bestand, dass in dem einen Fall das Leid vor meinen Augen passierte und ich in dem anderen Fall das Leid einfach nicht sehen konnte. Auch verdrängte ich die Tatsache, dass mein eigenes Konsumverhalten zu Tierleid führte, so wie der größte Teil der Gesellschaft das tagtäglich tut. Das wollte ich allerdings nicht weiterhin tun. Mir wurde klar, dass ich das mit mir selbst nicht mehr vereinbaren konnte und ich musste eine Entscheidung treffen. Die Entscheidung konnte in zwei Richtungen gehen.

Die eine Möglichkeit wäre gewesen, zu beschließen, nicht mehr mitfühlend zu sein und zu sagen: „Mir ist es wichtig, Fleisch weiterhin essen zu können und die Tiere sind mir egal." Die andere Möglichkeit war, meinem Mitgefühl nachzugeben und etwas an meinem Leben zu ändern. Ich musste also aufhören, mit meinem Konsumverhalten dafür zu sorgen, dass für mich Tiere sterben müssen. Das Ganze hat im ersten Anlauf nicht sofort geklappt. Ich bin nach nur zwei Tagen gescheitert. Ich war mit Freunden in einem Restaurant und ich war sehr hungrig. Es gab in dem Laden aber absolut kein fleischfreies Gericht, weshalb ich letztlich eine Pizza Salami bestellte und mir überlegte, die Salamischeiben von der Pizza zu nehmen und wegzuwerfen, aber das erschien mir dann auch ziemlich fragwürdig und mir wurde klar, dass das auch niemandem helfen würde. Schließlich habe ich die Pizza Salami doch gegessen und mich als vollkommener Versager gefühlt. Einige Tage später habe ich dann noch einmal angesetzt, diesmal aber mit Erfolg. Das ging dann mehrere Jahre lang gut. Es war der Startschuss zu etwa fünf Jahren, in denen ich vegetarisch lebte.

Wirklich ausschlaggebend dabei war, dass ich mir selbst die Frage stellte, ob ich Fleischprodukte zu mir nehmen würde, wenn ich jedes Mal das Tier selbst töten müsste, wenn ich etwas fleischhaltiges essen wollte. Ich kam zu dem Entschluss, dass das bei mir nicht der Fall war. Ich konnte mir nicht vorstellen, täglich ein Huhn zu töten, um das Fleisch essen zu können und ich würde behaupten, dass Gleiches eigentlich auf die Mehrheit unserer Gesellschaft zutrifft. Wir alle verdrängen aber, wie ich selbst damals auch, täglich aufs Neue, dass wir eigentlich mitfühlend sind und auch, dass für die Produkte, die wir zu uns nehmen, Tiere unendliches Leid durchmachen müssen. Da ich aber nun den Widerspruch für mich erkannt hatte, blieb mir nichts anderes übrig, als konsequent zu handeln und diesen Schritt zu Ende zu gehen. Ich hörte also auf, Fleisch zu essen. Ich dachte auch zunächst einmal, dass das für mich eigentlich genug sei. Mir ging es darum, dass für mich keine Tiere mehr sterben müssen, d.h. Milch zu trinken und Produkte, in denen Eier enthalten sind, zu essen war zu dem Zeitpunkt noch in Ordnung für mich, da für diese tierischen Produkte in erster Instanz keine Tiere sterben müssen, so wie es bei Fleisch der Fall ist. Dieser Trugschluss war aber letztlich nur der Tatsache geschul-

det, dass ich zu dem Zeitpunkt relativ wenig Ahnung hatte, was alles dazugehört, damit diese anderen tierischen Produkte, für die vermeintlich keine Tiere sterben, überhaupt erst einmal auf den Tisch kommen. Ich wusste zu dem Zeitpunkt nicht, dass z.B. bei der Zucht von Legehennen alle männlichen Küken nach dem Schlüpfen sofort vernichtet werden, weil sie nicht schnell genug wachsen, um als Fleischlieferant herzuhalten und dementsprechend ihr Überleben nicht lukrativ genug ist für die Industrie. Wenn sie Glück haben, werden sie vergast, ansonsten kommen sie lebendig in den Schredder und werden direkt nach Geburt aussortiert und vernichtet. Über diesen Wahnsinn war ich zu diesem Zeitpunkt nicht im Bilde. Mir war ebenso wenig bewusst, dass Kühe ständig zwangsgeschwängert werden, damit die Milchproduktion am Laufen bleibt und dass der Mutter die Kälber sofort nach der Geburt entrissen werden, um nach

Wenn sie Glück haben, werden sie vergast, ansonsten kommen sie lebendig in den Schredder und werden direkt nach Geburt aussortiert und vernichtet. Über diesen Wahnsinn war ich zu dem Zeitpunkt nicht im Bilde

einem kurzen Leben in Gefangenschaft als Kalbsfilet in der Kühltheke zu landen. Im Grunde hätte es mir eigentlich klar sein müssen. Es ist eigentlich eine ganz logische Schlussfolgerung, denn eine Kuh gibt ja deswegen Milch, weil sie schwanger gewesen ist und die Milch, die sie gibt, ist Muttermilch, die für ein Kalb bestimmt ist. Das sind eigentlich vollkommen logische Dinge, an die man aber im Alltag erst einmal nicht denkt, wenn man sich ein Tetra-Pack Milch aus der Kühltheke nimmt. Man denkt über diese Dinge nicht nach und so war mir das damals eben auch nicht klar. Was letztlich passierte, ist, dass ich als Vegetarier, das was ich an Fleisch nicht mehr konsumierte, einfach durch Milchprodukte ersetzte. Ich habe schon, bevor ich Vegetarier wurde, relativ große Mengen an Milchprodukten (10 Liter Milch am Tag waren da keine Seltenheit) zu mir genommen und das wurde nun noch schlimmer. Milchprodukte waren fortan meine primäre Eiweißquelle, sodass ich in diesen Jahren immense Mengen an Milchprodukten zu mir nahm. Das hat im Laufe der Jahre auch dazu geführt, dass ich eine ganze Reihe von negativen Begleiterscheinungen zu spüren bekam, unter anderem einen Eisenmangel, der nicht in den Griff zu bekommen war. Ich habe Eisen supplementiert. Es war aber so, dass mein Körper das Eisen nicht so richtig aufnehmen konnte und somit änderte auch die Ergänzung von Eisen nichts an dem Problem. Mein Eisenwert war immer zu niedrig. Die Ursache war natürlich für meinen Arzt und für mein Umfeld ganz klar. Ich nahm kein Fleisch zu mir. Fleisch ist ein Eisenlieferant und dementsprechend war mein Vegetarismus das Problem. Das war allerdings nur die Hälfte der Wahrheit. Ein Stück weit hat das schon gestimmt. Aber das Problem war weniger, dass ich kein Fleisch zu mir nahm, sondern viel mehr, dass die gigantischen Mengen an Milchprodukten die Eisenresorption blockierten. Dass das so war, ist mir klar geworden, nachdem ich später vegan wurde, wobei mein Eisenmangel sich dabei von selbst in Luft auflöste und ich in Folge nicht einmal mehr Eisen supplementieren musste. Leider war mir dieser Zusammenhang als Vegetarier noch nicht klar. Deswegen habe ich mich, nachdem ich wiederum aufgrund der gigantischen Mengen an Milchprodukten, die ich zu mir genommen habe und damit einhergehenden Konzentrationsproblemen, die ich feststellen musste, die natürlich wiederum von meiner Umwelt auf meinen Fleischverzicht zurückgeführt wurden, irgendwann überzeugen lassen, dass meinem Körper ohne Fleisch etwas fehlte. Zu diesem Zeitpunkt war ich schon viereinhalb oder fünf Jahre Vegetarier, das war 2009. Ich habe dann eine experimentelle Phase von ungefähr zehn Monaten eingelegt, in denen ich mich wieder von Mischkost ernährte. Es kam aber in dieser Zeit weder zu einer Besserung meiner Konzentrationsschwierigkeiten, noch zu einer Normalisierung meines Eisenmangels. Ich fühlte mich in den zehn Monaten auch einfach nicht wohl, mit der Tatsache, dass ich Fleisch aß, obwohl ich das selbst schon seit Jahren als verwerflich empfand. Heute kann ich sagen, dass sich in diesem Zeitraum nichts an meinen Problemen verbessert hat, sodass ich das Ganze dann nach zehn Monaten wieder abbrach und zur vegetarischen Kost zurückkehrte. Das war dann auch der Zeitpunkt, wo ich nach und nach angefangen habe, mich weiter zu informieren. Mir wurde mit der Zeit klar: Vegetarier sein reicht nicht, wenn der Beweggrund ist, Tierleid vermeiden zu wollen. Wenn man Tierleid vermeiden will, muss man, wenn man konsequent ist, vegan leben. Mir war das also schon zu einem Zeitpunkt bewusst, wo ich noch lange davon entfernt war, selbst in Erwägung zu ziehen, vegan zu werden. Ich fühlte mich nun nicht mehr wohl in meiner Haut, weil offensichtlich war, dass das, was ich zu diesem Zeitpunkt machte, nämlich diese gigantischen Mengen an Milchprodukten zu mir zu nehmen, eigentlich nicht vereinbar war mit meinem eigenen Werteverständnis. Das, was mich davon abgehalten hat, dieses Wissen umzusetzen, war, dass ich nicht das Ge-

Das war letztlich auch der Tatsache geschuldet, dass ich ein völlig falsches Bild vom veganen Leben hatte. Ich dachte, dass man als Veganer nur noch „Grünzeug" isst und das war für mich alles total unvorstellbar

fühl hatte, willensstark genug zu sein, um vegan zu werden. Das war letztlich auch der Tatsache geschuldet, dass ich ein völlig falsches Bild vom veganen Leben hatte. Ich dachte, dass man als Veganer nur noch Grünzeug isst und das war für mich alles total unvorstellbar. Vor allem auf Milchprodukte zu verzichten war für mich sehr schwer vorstellbar, weil ich seit meiner Kindheit schon ein ganz großer „Milchfreak" gewesen bin und mir überhaupt nicht vorstellen konnte, von dem einen auf den anderen Tag überhaupt keine Milch mehr zu mir zu nehmen. Milch war für mich eine Art Suchtmittel. Erst nachdem ich vegan geworden bin, habe ich erkannt, dass ich tatsächlich süchtig war und dass sogenannte Exorphine in der Milch wirklich eine milde Sucht verursachen. Sie machen im Körper nichts anderes als Endorphine. Nur, dass Endorphine eben körpereigene Substanzen sind, die ein Glücksgefühl hervorrufen können, während Exorphine, wie die Casomorphine, die bei der Verdauung von Milcheiweiß entstehen, von außen zugeführte Stoffe sind, die an den gleichen Rezeptoren „andocken" und so die gleichen Empfindungen hervorrufen. Somit waren Milchprodukte tatsächlich ein Suchtmittel, von dem ich abhängig war. Meine Befürchtung ging zum einen in die Richtung, dass ich es einfach nicht schaffen würde, diesen Verzicht auf Milchprodukte aufrecht zu erhalten und zum anderen hatte ich Angst, dass meine Leistungen völlig zusammenbrechen würden. Ich konnte mir absolut nicht vorstellen, dass sich mit ausschließlich pflanzlichen Proteinquellen überhaupt Kraftsport betreiben lässt und das auf dem Niveau, auf dem ich mich befand. Mitten in diesem mentalen Kampf mit mir selbst passierte dann etwas für meine weitere Entwicklung sehr relevantes. Ich konnte als Vegetarier den Titel „Stärkster Mann Deutschlands" erringen.

Ich wurde damit Deutscher Meister in einer Sportart, die sich Strongman nennt und in der es darum geht, mit einer gewissen Anzahl von Disziplinen verschiedenste Arten von Kraft abzurufen, um am Ende herauszufinden, wer der stärkste Athlet ist. Der Titel, den man dann erringt ist, wenn man Weltmeister wird, der stärkste Mann der Welt und wenn man nationaler Meister wird, der stärkste Mann des jeweiligen Landes. Zu dem Zeitpunkt habe ich einen Blog geführt, wo ich den Titelgewinn dann auch veröffentlichte und mein Blogeintrag endete mit der Aussage, dass ich somit endlich bewiesen hätte, dass Vegetarier zu sein einen zu einem besseren Athleten macht. Ich war mir nicht bewusst, was dieser Satz auslösen würde. Zunächst wurde mein Post von der „Veggieszene" im Internet aufgegriffen und dann weltweit unzählige Male zitiert und dementsprechend entwickelte sich das Ganze zu einer Art Schneeball und schlug immer größere Wellen. Das Ganze führte dann irgendwann dazu, dass die Tierrechtsorganisation PETA davon hörte und diese kontaktierte und fragte mich, ob ich nicht Lust hätte, mit PETA Deutschland zusammen eine PRO-Vegetarismus Kampagne zu machen. Ich war hellauf begeistert von dieser Gelegenheit viele Leute mit meiner Botschaft zu erreichen. Ich habe ihnen allerdings auch gesagt, dass es für mich ganz wichtig wäre, nicht mit erhobenem Zeigefinger daher zu kommen. Mir war es wichtig, den Leuten dieses Thema auf eine humorvolle Art und Weise schmackhaft zu machen, ohne direkt auf die Schattenseite ihres eigenen Konsumverhaltens abzuzielen. Und das haben wir dann auch umgesetzt. Wie, das werde ich dann noch später erklären. Interessant ist an dem Punkt, dass die Kampagne mit PETA dazu führte, dass nun auch die Massenmedien auf mich aufmerksam wurden. Ich bin in der Folgezeit die Medien „hoch und runter gelaufen". Ich war beim SAT1- Frühstücksfernsehen, war auf allen möglichen Privatsendern zu sehen, BILD und Fokus berichteten über mich. Durch das starke Medieninteresse an meiner Geschichte hatte ich nun die Möglichkeit, andere Menschen durch das, was ich schon jahrelang vorher gemacht hatte, zu inspirieren, indem ich nämlich lediglich weiterhin meinen Sport als Vegetarier auf hohem Niveau

betrieb und damit zeigte, dass Fleischkonsum im Leistungssport verzichtbar war. Ich bekam plötzlich Feedback von fremden Leuten, die mir schrieben, dass sie durch mich inspiriert den Entschluss gefasst hätten, ihr Leben zu verändern und mir dafür sehr dankbar wären. Das war ein großartiges Gefühl, hat mich aber auch zu-

Ich war der festen Überzeugung, meine Leistungen würden einbrechen und dass ich darunter sehr leiden würde. Aber ich war wild entschlossen, vegan zu werden

nehmend in eine Zwickmühle gebracht, weil ich ja bereits wusste, dass ich eigentlich selbst gar nicht das tat, was ich für richtig hielt. Ich wusste ganz genau, dass ich nach meinen eigenen ethischen Grundsätzen eigentlich zu einem veganen Leben „prädestiniert" war. Aber leider hatte ich nicht den Mumm, das auch umzusetzen. Dieser Druck durch mein schlechtes Gewissen wuchs letztlich bis zu einem gewissen Punkt, an dem mir klar wurde, dass ich so nicht weitermachen konnte. Es war Zeit für den nächsten folgerichtigen Schritt! Ich war der festen Überzeugung, meine Leistungen würden einbrechen und dass ich darunter sehr leiden würde. Aber ich war wild entschlossen, vegan zu werden. Ich wusste aber natürlich, dass das Ganze eine Herausforderung werden würde und dementsprechend habe ich den Entschluss gefasst, mir einige Wochen Zeit zu lassen und nach und nach umzustellen. Das Ganze sollte aber bis Ende 2011 abgeschlossen sein. Ich wollte also ab Januar 2012 vegan sein. Ich war aber letztlich bereits vier Wochen vorher schon so weit d.h. bis zum 1. Dezember waren alle tierischen Produkte aus meiner Diät herausgestrichen und meine Ernährung war ab dem Zeitpunkt komplett vegan. Das Interessante bei der ganzen Sache war, dass nichts von all dem, was ich befürchtet hatte, eintraf. Ich hatte erwartet, dass mir alles furchtbar schwer fallen würde. Das tat es aber gar nicht. Es war wesentlich einfacher, als ich gedacht hatte. Vor allen Dingen war dieses Bedürfnis nach Milchprodukten innerhalb von ein bis zwei Wochen wie „weggefegt". Was im Nachhinein auch nicht verwunderlich war, denn, wenn man nach etwas süchtig war und eine gewisse Zeit abstinent ist, ist die Sucht auch irgendwann kuriert. Innerhalb von zwei Wochen war bei mir kein Verlangen nach Milch mehr vorhanden. Ich hatte gar kein Bedürfnis mehr danach, irgendwas, was Milch oder Milchprodukte enthielt, zu mir zu nehmen. Das zweite waren meine Leistungen. Ich hatte angenommen, sie würden einbrechen aber nichts dergleichen passierte. Meine Leistungen waren vollkommen stabil, d.h. das einzige was sich änderte, war, dass sich mein allgemeines Wohlbefinden spürbar besserte. Ich hatte, als ich noch Milchprodukte zu mir nahm, ständig Sodbrennen gehabt und war chronisch übersäuert aufgrund der gigantischen Mengen tierlichen Eiweißes, die ich zu mir nahm. Dazu muss man wissen, dass tierliches Protein besonders hohe Mengen an schwefelhaltigen Aminosäuren enthält. Diese führen dazu, dass der Körper stark übersäuert. Das macht sich unter anderem als Sodbrennen bemerkbar und das teuflische an der Situation ist, dass das Trinken von Milch zunächst mal gegen das Sodbrennen hilft. Der Magen bekommt in diesem Moment erst einmal etwas zu tun und die Säure wird ausgeglichen. Das ist der Grund, warum ich annahm, Milchprodukte wären hilfreich gegen das Sodbrennen. Was ich nicht erkannt habe ist, dass das Sodbrennen überhaupt erst durch die Milchprodukte entstand. Das habe ich erst kapiert, als ich die Milchprodukte weggelassen habe und das Sodbrennen nach zwei bis drei Tagen weg war. Ich fragte mich, was passiert war. Ich hatte, bevor ich umgestellt habe, richtig Angst gehabt und dachte, ich würde sicherlich ohne Milch an Sodbrennen sterben. Ich nahm an, die Milchprodukte sind das Heilmittel gegen Sodbrennen, während sie in Wirklichkeit dieses aber erst verursacht hatten. Also halten wir noch einmal fest und lassen es uns auf der Zunge zergehen: Nichts von alledem, was ich erwartet hatte, traf ein. Was passierte, war das Gegenteil von so ziemlich allem, was ich erwartet hatte. Meine Leistungen blieben konstant, langfristig wurden sie sogar besser. Ich bin heute wesentlich stärker, als ich beim Wechsel von vegetarisch auf vegan war. Und mein Wohlbefinden verbesserte sich um Welten. Mein Säure- Basen-Haushalt, der ausgeglichen wurde, das Sodbrennen, das dabei besser geworden ist- das waren aber natürlich nur zwei Aspekte. Wenn man einen ausgeglichenen Säure-Basen-Haushalt hat, hat das noch eine ganze Menge anderer körperlicher Konsequenzen, die sehr positiv sind. Beispielsweise erholt man sich besser vom Training. Ein ausgeglichener Säure-Basen-Haushalt ist wichtig, damit der Körper Nährstoffe richtig aufnimmt. Wenn man zu sauer ist, führt das dazu, dass der Körper Protein nicht mehr richtig verwertet und das ist für einen Kraftsportler, der auf eine ausreichende Proteinversorgung bedacht ist, ein Albtraum. Als Kraftsportler ist man darauf bedacht, große

Mengen Protein zu sich zu nehmen. Das, was man damit erreichen will ist, dass der Körper eine große Menge an Muskulatur ausbildet und dies bedarf einer erheblichen Menge an Baumaterial und das ist nun einmal Protein, welches man täglich mit der Nahrung zu sich nehmen muss. Und wenn der Körper übersäuert ist und er dadurch folglich Protein nicht mehr richtig aufnehmen kann, ist das mit das Schlimmste, was einem gerade als Kraftsportler passieren kann. Und das wurde durch die vegane Ernährung und den Verzicht auf tierisches Eiweiß zu einem gigantischen Teil in die positive Richtung verschoben. Ein weiterer Aspekt ist, dass durch die starke Übersäuerung auch entzündliche Prozesse im Körper schlechter verheilen. Jeder, der Sport auf einem hohen Niveau betreibt, weiß, dass Gelenkschmerzen oft an der Tagesordnung sind und dass das richtig wehtun kann. Ich kann mir vorstellen, dass einem auch als Fußballer nach einer harten Trainingswoche oder einem harten Spiel noch einiges „in den Kno-

Ich dachte, da draußen sind vielleicht Leute, die jetzt in der gleichen Situation sind, in der ich vor 6 Jahren war und dass ich diesen Leuten die Informationen, die ich jetzt hatte, nicht vorenthalten wollte

chen hängt". Im Kraftsport ist das nicht anders. Man ist darauf angewiesen, dass der Körper auch mit entzündlichen Prozessen zurechtkommt und im Bezug darauf ist ein ausgeglichener Säure-Basen-Haushalt sehr förderlich. Nach meiner Umstellung auf vegan hatte ich kaum noch Schmerzen. Interessant an der Stelle ist, dass ich das Ganze meiner Mutter erklärt habe, die mich zu dem Zeitpunkt, zu dem ich meinen Entschluss gefasst hatte, vegan zu werden, komplett für verrückt erklärt hat (sie ist ziemlich ausgerastet, übrigens genauso wie Katy auch) und dass sie nun selbst durch die Umstellung auf vegan sehr profitiert, was ihre Gesundheit angeht- aber dazu gleich mehr. Ich habe meiner Mutter nach und nach versucht zu erklären, welche gesundheitlichen Vorteile der Verzicht auf tierische Produkte mit sich bringt. Insbesondere erläuterte ich ihr gegenüber den Zusammenhang von tierlichem Protein und entzündlichen Prozessen, der für meine Mutter besonders relevant ist, da sie Rheumatikerin ist und Rheuma auch ganz stark mit Entzündungen des aktiven und des passiven Bewegungsapparates einhergeht, was sich in starken Muskel und Gelenkschmerzen äußert. Ich habe meiner Mutter empfohlen, einfach mal für eine gewisse Zeit auf eine vegane Ernährung umzustellen. Zum Glück hat sie irgendwann meinen Rat befolgt. Sie ist dann Anfang 2013 vegan geworden und ihre Schmerzen besserten sich daraufhin zu einem erheblichen Anteil. Die rheumatischen Beschwerden, Gelenkschmerzen usw. haben sich mittlerweile spürbar verbessert und sie muss heute keine Schmerzmittel mehr zu sich nehmen, was ein riesiger Erfolg ist.

Die Tatsache, dass ich auf so positive Art und Weise von den Folgen meiner Ernährungsumstellung überrascht wurde, ließen eine Sache ganz klar für mich erscheinen: Ich hatte einen Auftrag! Mir wurde bewusst, dass ich mir gewünscht hätte, dass ich all das, was ich jetzt wusste, bereits sechs Jahre vorher gewusst hätte. Ich hätte mir die fünf Jahre sinnlosen Vegetarismus sparen können und wäre damals gleich vegan geworden. Ich hätte mir damals diese zehn Monate, in denen ich mich von Mischkost ernährte, anstatt zu tun, was mir mein Gewissen eigentlich vorgab, sparen können, weil ich dann erkannt hätte, dass meine Probleme einfach nur vom übermäßigen Milchproteinkonsum verursacht wurden und nicht durch meinen Fleischverzicht. Ich ärgerte mich, dass ich diese Entscheidung nicht schon Jahre vorher getroffen hatte und mir wurde klar, dass jetzt, wo ich all das wusste, ich die Verantwortung dafür trug dieses Wissen weiterzugeben. Ich dachte, da draußen sindvielleicht Leute, die jetzt in der gleichen Situation sind, in der ich vor fünf Jahren war und dass ich diesen Leuten die Informationen, die ich jetzt hatte, nicht vorenthalten wollte. Mir wurde klar, dass während ich als Vegetarier meinen Lebensstil als „Privatsache" angesehen hatte, ich jetzt das Gefühl verspürte, eine „Mission" zu haben. Ich wollte mit alldem, was ich jetzt wusste, in die Welt hinaus gehen und die Leute informieren und das mache ich jetzt seit zwei Jahren.

TORONTO Ein Weltrekord ist immer etwas ganz besonderes. Dieser Moment in dem einem klar wird, dass man es geschafft hat und das Gefühl, das einen dann in Sekunden übermannt, sind schwer in Worte zu fassen. Allerdings war der Weltrekord, den ich in Toronto aufgestellt habe noch einmal etwas ganz Besonderes für mich. Zum ersten Mal habe ich einen Rekord wirklich nur einzig und allein aus dem Grund anvisiert, um ein Zeichen für den Veganismus damit zu setzen. Klar setze ich meinen Sport schon seit Jahren gegen die Vorurteile der Fleischfraktion ein und versuche aufzuklären. Aber diesmal bin ich um die halbe Welt gereist, um nicht auf einen Wettkampf, sondern auf dem größten vegan-vegetarischen Event Nordamerikas meine Fahne zu hissen und deshalb spürte ich eine riesige

Anspannung vor dem Rekordversuch. Ich wusste, dass wenn ich Erfolg haben würde, eine riesige Medien-resonanz daraus resultieren würde und ich damit sehr viel Aufmerksamkeit für meine Tierrechtsbotschaft generieren würde. Daher lastete neben den 555 kg Stahl auch eine große Verantwortung auf meinen Schultern und ich explodierte förmlich, als klar war, dass ich es geschafft hatte. Der Rekordversuch wurde übrigens von fünf Kameras am Boden und in der Luft aufgezeichnet und wird einer der Höhepunkte der Doku „Game Changers" sein. In „Game Changers" kommen viele großartige Athleten zu Wort, die wie ich, in typisch männlich besetzten Sportarten antreten und als lebende Beweise täglich aufs Neue ihre Flagge gegen den Mythos des Zusammenhangs von Fleischverzehr und Männlichkeit hissen.

MOTIVATION

Da alles was wir im Leben erreichen mit einer Idee, in unserem Kopf beginnt, will ich zunächst auf einige in meinen Augen wichtige Grundregeln eingehen, welche helfen sich mental in einen Zustand zu versetzen, der der Erreichung der selbstgesteckten Ziele förderlich ist. In den letzten Jahren habe ich ein Studium abgeschlossen. Gleichzeitig führte ich ein Leben als Berufssportler, dabei war ich viel für die Öffentlichkeitsarbeit und den Veganismus unterwegs. Mir wird oft die Frage gestellt, wie ich es schaffe, all die Ziele, die ich mir setze, unter einen Hut zu bringen und mich zu motivieren. Die Energie aufzubringen, ständig auf Strom zu sein und an mehreren Projekten gleichzeitig arbeiten zu können, ohne durchzuhängen oder Burnout zu erleiden.

DAS WARUM ENTSCHEIDET!

Ich glaube, der vielleicht wichtigste motivationale Faktor ist, zu wissen, warum ich das, was ich mir vorgenommen habe, erreichen will.

Das Ganze lässt sich in zwei Schritte unterteilen: Wichtig ist es erst einmal, genau zu wissen, was will ich. Das ist bei vielen Menschen schon ein Problem. Sie wissen nicht, was sie wollen und sind sich dabei ihrer eigenen Orientierungslosigkeit meist nicht einmal bewusst. Wenn du dauerhaft unzufrieden mit deiner Situation bist und nicht weißt, woher eigentlich diese Unzufriedenheit kommt, dann gehörst du vielleicht zu dieser Gruppe.

Du hast dir Gedanken darüber gemacht, was Du willst. Dann solltest Du auch wissen, warum du es willst. Es ist oft ein Problem, dass Du Dir Ziele setzt, die für Dich selbst keine tiefere Bedeutung haben, sondern nur aus Eitelkeit entstehen.

Wenn ich mir das Ziel setze, Deutscher Meister in meiner Sportart zu werden, dann kann ich mir das Ziel entweder setzen, weil ich einfach eine gewisse Eitelkeit als Berufssportler an den Tag lege und mich mit Erfolg schmücken möchte. Ich kann das Ganze aber auch aus dem Grund machen, weil, wie es z.B. in meinem Fall ist, ich weiß, dass ich durch meinen Erfolg Dinge bewegen, andere Menschen inspirieren und auf eine gewisse Art und Weise auch die Welt ein Stück weit verändern kann, dass sie mir selbst einfach sympathischer wird. Ich sehe also einen tieferen Sinn in der Erreichung meiner eigenen Ziele.

Dieser tiefere Sinn ist letzten Endes das, was mich durchhalten lässt, wenn andere Leute schon längst die „Flinte ins Korn" werfen. Wenn ich keine Lust habe, im Winter rauszugehen um das eiskalte Eisen anzufassen, dann gehe ich kurz in mich und werde mir der Tatsache bewusst, warum ich das Ganze mache.

Wenn du dir nicht im Klaren darüber bist, warum du etwas tust, weil es keinen tieferen Sinn für deine Bemühungen gibt als Eitelkeit, dann kann es natürlich ganz schnell passieren, dass du dich selbst durchschaust. Du durchschaust die Sinnlosigkeit deiner Zielsetzung und das ist genau der Moment, in dem die meisten Menschen aufgeben.

Ich brauche einen triftigen Grund, um so motiviert zu sein, dass ich extreme Maßnahmen ergreife und meine Gesundheit und Unversehrtheit aufs Spiel setze, um dieses Ziel zu erreichen. Dabei kommt es nicht darauf an, dass ich gleich versuche, die Welt zu verändern. Triftige Gründe können für jeden etwas sehr Unterschiedliches sein. Wenn ich mir vorstelle, wie viel Energie der Schutz und das Wohl meiner eigenen Familie in mir freisetzen oder wie viel Kraft ich entwickeln kann, um das Herz eines anderen Menschen zu gewinnen, dann wird schnell klar, dass die Gründe sehr unterschiedlich sein können. Eins bleibt aber immer dabei gültig: wenn man durchhalten will und wenn es auch wirklich ungemütlich wird, „am Ball zu bleiben", dann muss ich selbst einen tieferen Sinn in der Erreichung meiner Ziele sehen. Ich glaube, dass das bei mir einfach der Schlüsselfaktor ist, der mein Feuer am Lodern hält.

DIE HÖHE DER MESSLATTE

Ein weiterer, ganz wichtiger Faktor ist die Frage, wie hoch ich die Messlatte bei den Zielen, die ich mir stecke, ansetzen sollte. Wenn ich gerade mit einer Sportart anfange, dann kann es vielleicht vermessen sein, mir das Ziel zu setzen, kurz oder mittelfristig Weltmeister in der Sportart zu werden. Dazu werde ich wahrscheinlich erst einmal eine gewisse Anlaufphase brauchen, um herauszufinden, wo ich leistungsmäßig stehe und was für mich als Zielsetzung realistisch ist.

Grundsätzlich gibt es bei der Ausrichtung der eigenen Erfolgserwartung zwei Stolpersteine, auf die man stoßen kann. Es gibt zwei Richtungen, in die man „abdriften" kann. Die eine Richtung ist, wie ich gerade erwähnte, wenn ich die Messlatte einfach zu hoch ansetze und ich aufgrund wiederholten Scheiterns Frustration erfahre. Es wird zwangsweise, wenn ich Anfänger bin und mir zum Ziel setze, Weltmeister zu werden, Jahre dauern, bis ich auch nur in den Bereich komme, dass das Ganze realistisch wird. Frustration kann auf Dauer gerade ehrgeizigen Menschen den Spaß verderben und dazu führen, dass sie schlimmsten Falls aufgeben.

Gleichzeitig ist es aber auch mindestens genauso schädlich, die eigene Messlatte zu tief anzusetzen. Nehmen wir an, ich fange gerade erst mit einer Sportart an und mein Ziel ist es lediglich, mich selbst ein bisschen zu verbessern (so in etwa formulieren übrigens 80% der Menschen, die sich mit guten Vorsätzen in einem Fitnessstudio anmelden, ihre Erwartungen), dann ist das natürlich ein recht niedrig angesetztes Ziel. Jeder wird sich, wenn er etwas tut, ein bisschen verbessern. Es ist ganz klar, dass die meisten dieses Ziel erreichen werden. Ich weiß dann aber auch selbst, dass dieses Ziel keine schwer zu bestehende Herausforderung war und dementsprechend wird mir das Erreichen dieses Zieles auch keine große Befriedigung verschaffen. Ich verliere vielleicht sogar schon das Interesse, bevor ich mich überhaupt an die Arbeit gemacht habe (passiert bei besagten Neukunden der Fitnesscenter regelmäßig und stellt einen Teil des Geschäftsmodels dieser Einrichtungen dar). Ich muss also die Messlatte so hoch ansetzen, dass ich das Gefühl habe, dass das, was ich mir da vornehme, schwierig genug ist. Es könnte auch sein, dass ich daran scheitere. Nur diese Gefahr des Scheiterns wird letztlich dazu führen, dass das Erreichen des Ziels auch ein Erfolgserlebnis auslöst.

Ich denke, dass es optimal ist, wenn ich mir ein Ziel so setze, dass etwa eine „Fifty-Fifty-Chance" besteht, zu scheitern oder das Ziel zu erreichen. Um die eigene Zielsetzung optimal zu wählen, braucht es auch eine gewisse Selbsterkenntnis. Ich muss das eigene Leistungsniveau einschätzen können und versuchen, den subjektiven Schwierigkeitsgrad so anzusetzen, dass ich das Gefühl habe, dass wenn ich mir nicht wirklich in den Hintern trete und Gas gebe, ich das dann auch nicht schaffe. Aber wenn ich wirklich alle Faktoren berücksichtige und mich optimal auf die Sache vorbereite, dann ist es realistisch, das Ziel zu erreichen. Wenn ich den Schwierigkeitsgrad so wähle, habe ich bei der Erreichung des Ziels ein befriedigendes Erfolgserlebnis, weil es eben schwer war, das Ganze zu schaffen. Nach Möglichkeit wähle ich kein Ziel, das ich nicht erreichen kann, was in der Folge eine jahrelange Frustration auslösen könnte.

ZWISCHENZIELE

Wenn ich ehrgeizig bin, möchte ich vielleicht der Beste in dem werden, was ich tue werden- der Beste in der eigenen Firma, der Beste in einer internationalen Organisation oder der Beste in meinem Sportverein.

Wichtig ist dabei, dass ich keine lange motivationale Durststrecke erleide, sondern bereits mittelfristig befriedigende Erfolgserlebnisse habe, indem ich mir Zwischenziele setze. Erfolgserlebnisse sind letztlich das, was mich motiviert, noch einmal zusätzliche Energie zu mobilisieren und noch mehr in genau diese Richtung weiterzuarbeiten. Um aber Erfolgserlebnisse zu generieren, ist es wichtig, langfristige Ziele in Einzelziele aufzuspalten, sodass ich einen Weg, der sehr lang scheint in einzelne Etappen unterteile. Meine Aufmerksamkeit widme ich dabei immer der aktuellen Etappe. Bei diesen Einzelzielen treffe ich wieder auf das Grundproblem, das ich bei der Zielsetzung generell habe. Ich muss die Einzelziele so konzipieren, dass sie aus der aktuellen Leistungssituation heraus immer eine Herausforderung bleiben aber trotzdem realistisch machbar sind. Damit ich mir nicht an einem Einzelziel ein ganzes Jahr die „Zähne ausbeiße" und dann am Ende frustriert aufhöre.

DER PRIVATE GRÖSSENWAHN

Wenn man generell sehr frustrationsresistent ist (bei mir ist dies der Fall), weil man sich an gewissen Dingen sehr lange die Zähne ausbeißen kann, ohne frustriert aufzugeben, kann es durchaus Sinn machen, bei der Zielsetzung einen gewissen Größenwahnsinn an den Tag zu legen. Extrem hoch angesetzte Ziele können nämlich unheimlich inspirieren, wenn man damit leben kann, dass es Jahre des verzweifelten Kampfes bedürfen wird, bis man an diesem Punkt angelangt ist. Solcher Größenwahnsinn hilft nicht jeder Persönlichkeit. Das soll heißen, dass wenn man in der Vergangenheit mit frustrierenden Erfahrungen schlecht umgehen konnte, man aufpassen sollte, sich nicht mit übermäßig ambitionierten Zielen, die einen letztlich überfordern den Spaß an der Sache zu verderben. Aber wenn man weiß, dass man resistent ist und sehr hartnäckig sein kann, dann sollte man bei der Zielsetzung ruhig ein wenig größenwahnsinnig sein und sich Ziele setzen, die beflügeln. Nützlich ist dabei allerdings, dieses Extremziel, diese Vision die man hat, für sich zu behalten. Wenn man seine Vision anderen mitteilt, setzt man sich nur unter unnötigen Druck. Wenn ich den Traum habe, Weltmeister zu werden und das für mich behalte, dann wird es mir wesentlich leichter fallen, mit den Misserfolgen, die ich auf dem Weg dorthin erfahren werde, umzugehen. Ich werde vielleicht viele Male an dem Ziel scheitern, bis ich es irgendwann schaffe, dieses Ziel zu erreichen. Dieses Scheitern wird mir wesentlich leichter fallen, wenn andere eigentlich gar nicht wissen, was mein Ziel ist. Um es ganz plastisch zu machen: wenn ich zur Weltmeisterschaft gehe und Dritter werde, dann ist das eine super Sache. Dann kann ich feiernd von dem Wettkampf wieder nach Hause gehen und sagen, dass ich eine super Platzierung erreicht habe. Wenn ich aber von vornherein verkünde, dass nur der Weltmeistertitel für mich zählt, dann ist natürlich der dritte Platz ein Misserfolg, weil der dritte Platz eben nicht der Weltmeistertitel ist.

Dabei gibt es zwei Aspekte. Der eine Aspekt ist, wie ich das Ganze selbst interpretiere. Ich selbst neige immer dazu, das Positive zu sehen und auch Platzierungen im Mittelfeld als Erfolg zu interpretieren. Wenn ich natürlich aber vorher schon die „Klappe aufreiße" und jedem mitteile, dass ich das ganze Feld beim Wettkampf „hinwegfegen" werde, dann kann es passieren, dass obwohl ich selbst zufrieden mit meiner Leistung bin, diejenigen die meine eigentliche Zielsetzung kennen, mir das Ganze „madig" machen, indem

Ich bin nämlich sicher, dass in der Geschichte alles Menschengemachte, was wirklich groß war, von Verrückten erdacht, bewegt und entdeckt wurde

sie mich freundlich darauf hinweisen, dass ich ja eigentlich mit dem Titel nach Hause kommen wollte. So fühlt sich selbst eine tolle Leistung schnell wie ein Misserfolg an. Deshalb sollte man seine eigene Vision, seinen eigentlichen „Masterplan", lieber für sich behalten und wenn überhaupt, dann wirklich nur mit dem nächsten sozialen Umfeld teilen. wenn man die „Klappe" nicht halten kann. Mir etwa rutscht Katy gegenüber ab und zu mal etwas heraus und oft zweifelt sie dann an meiner geistigen Zurechnungsfähigkeit. Das ist aber ok. Ich bin nämlich sicher, dass in der Geschichte alles Menschengemachte, was wirklich groß war, von Verrückten erdacht, bewegt und entdeckt wurde. Alle anderen werden Beamte oder Buchhalter.

ALLES HAT SEINEN PREIS

Wenn ich mir vornehme, Weltmeister in einer Sportart zu werden, dann muss ich mir einfach von vornherein darüber im Klaren sein, dass die Erreichung dieses Ziels etwas kosten wird. Jede Entscheidung, die ich treffe, führt dazu, dass ich bestimmte Kosten und bestimmte Konsequenzen verursache, die auf mich zukommen. Habe ich mir ein sehr hohes Ziel gesetzt, dann wird die Erreichung dieses hohen Ziels mich mehr kosten, als die Erreichung eines niedriger gesetzten Ziels. Das bedeutet, dass ich mir darüber im Klaren sein muss, dass wenn ich Weltmeister werden möchte, ich Zeit „opfern" muss, die ich ansonsten mit meiner Familie verbringen könnte oder die ich für Hobbies, die

mit meiner Zielsetzung nichts zu tun haben, nutzen könnte. Ich muss mit der Reduktion von Spaß, Familienleben und Energie, die ich in etwas anderes stecken könnte, „bezahlen", da ich mir ein so hohes Ziel gesetzt habe. Wenn mir das von vornherein klar ist, dann wird diese Erkenntnis auch an keiner Stelle verunsichern, schockieren oder mich aus der Bahn werfen. Gehe ich am Anfang blauäugig an die Sache heran, dann kann mir eine zu spät erlangte Erkenntnis der entstehenden Kosten den Spaß an der Sache verderben. Ich muss mir also als Weltmeister in Spe einfach von Anfang an klar machen, dass ich mit bestimmten Dingen für meine Zielsetzung bezahlen muss- mit Energie, mit Zeit oder mit meiner Gesundheit. Leistungssport ist nicht dazu geeignet, den Körper gesund zu halten. Leistungssport zielt immer darauf ab, eine bestimmte Leistung zu generieren. Es kann aber durchaus sein, dass ich meine Gesundheit dabei einbüße. Beispiele dafür gibt es ja leider genug. Das Ganze kann sogar so weit gehen, dass ich mit meinem Leben für diesen Ehrgeiz bezahle. Schaue ich mir Weltklasse-Fußballer an und frage sie nach ihren Knien, dann können die mir sehr plastisch erklären, was es bedeuten kann, leistungsbezogen zu arbeiten. So ist das in meinem Sport auch. Ich habe bisher bis auf einige kleinere Verletzungen keine schwerwiegenden körperliche Schäden davongetragen, aber natürlich ist es nicht gesund, was ich meinem Körper antue. Und darüber muss ich mir einfach im Klaren sein. Wenn das der Fall ist, also wenn mir von vornehrein bewusst ist, dass ich das, was ich will, „bezahlen" muss, dann werde ich es auch schaffen, lang genug „am Ball zu bleiben" und über Jahre an diesem Ziel zu arbeiten, ohne dass ich aus der Bahn geworfen werde und mir plötzlich irgendwann klar wird, dass diese „Kosten" eben einfach entstehen. Ich persönlich finde besonders „teure" Ziele auch besonders interessant. Was nämlich viel kostet, wird meist auch nur von denen erreicht, die es wirklich verdienen und bereit sind mit allem zu zahlen was sie haben, notfalls auch mit sich selbst.

TIMING

Ein ganz wichtiger Faktor bei der Erreichung meiner Ziele ist es, zu lernen, dass ich nicht immer „linear" auf ein Ziel zuarbeiten kann. Es gibt bestimmte Umstände, die die Erreichung des Ziels erschweren, wie z.B. problematische familiäre Situationen. Natürlich kann ich versuchen, rechtzeitig das Problem, das in der Peripherie entstanden ist, zu lösen und weiterhin an meinem Ziel zu arbeiten. Das kann aber unter Umständen dazu führen, dass ich am Ende überfordert bin und dann ir-

gendwann komplett alles hinschmeiße, weil ich einfach keinen Spaß mehr an der Sache habe. Deswegen kann es durchaus Sinn machen beispielsweise das Training vier Wochen lang komplett ausfallen zu lassen.

Ich habe manchmal Phasen, in denen ich kaum trainiere. Es kann sinnvoll sein, den Körper bei anderweitigen Belastungen einfach auch mal ein paar Wochen in Ruhe zu lassen. Vier trainingsfreie Wochen führen natürlich auch zu gewissen Einbußen in der Leistung, es sei denn, ich war vorher komplett „übertrainiert", dann kann es sogar passieren, dass ich nach dieser trainingsfreien Zeit sogar besser bin, als vorher. In den meisten Fällen wird die Pause aber dazu führen, dass die Leistung etwas zurückgeht. Aber sie wird auch gleichzeitig dazu führen, dass ich meinem Körper und meinem Kopf eine gewisse Erholungsphase gebe. Ich kann einmal „aufatmen" und es ist einfach so, dass wenn ich meinen Körper immer konstant am Limit halte, gewisse Dinge dann einfach auch nicht optimal laufen. Beispielsweise kann es sein, dass das Immunsystem durch die Dauerbelastung geschwächt wird. Genau solche kurzen Verschnaufpausen für den Körper, wie eine vierwöchige trainingsfreie Phase, können dazu beitragen, dass der Körper sich wieder fangen kann und man danach umso schneller vorwärts kommt. Es gibt verschiedene Gründe, warum ich solche Phasen einlege, so beispielsweise, wie ich bereits erwähnte, wenn Probleme auftreten und ich Gefahr laufe, ansonsten überfordert zu sein oder wenn ich ein Leistungsplateau erreicht habe.

Oft ist es so, dass ich das Gefühl habe, nicht mehr von der Stelle zu kommen. Das gibt es in jedem Sport. Jeder Sportler, der über Jahre im Hochleistungsbereich gearbeitet hat, kennt das. Ich erreiche irgendwann ein Leistungsplateau und es scheint unmöglich, weitere Fortschritte zu machen. Dann habe ich das Gefühl, dass ich noch so viel Energie mobilisieren kann und sich einfach nichts mehr tut.

Es gibt zwei Möglichkeiten, wie ich mit dieser Situation umgehen kann. Die erste Möglichkeit ist, seine Zielsetzung zu verschieben und sich auf einen anderen Aspekt der Zielsetzung zu konzentrieren. Im Strongman ist es sehr einfach, mit so etwas umzugehen, weil diese Sportart so komplex ist. Wenn ich merke, dass es kraftmäßig nicht mehr so richtig vorwärts geht, dann konzentriere ich mich eben eine Weile auf Kraftausdauer und gehe dann zurück zur Maximalkraft. Ich konzentriere mich dann eben eine Weile auf andere zuvor vernachlässigte Disziplin.

Sollte ich merken, dass ich ein generelles Leistungs-plateau erreicht habe und es an verschiedenen Stellen einfach nicht mehr vorwärts geht, kann das aber auch andere Gründe haben. Es kann dann durchaus sinnvoll sein, mit einer längeren Trainingspause zu arbeiten. Je nach Sportart oder dem woran ich arbeite, können unterschiedliche Längen dieser Pause sinnvoll sein. Es ist auch sinnvoll, vielleicht von einer bestimmten Zielset-zung ein komplettes Jahr lang abzurücken, indem ich beispielsweise ein Jahr lang gar keine Wettkämpfe ma-che, sondern einfach „nur so für mich selbst" trainiere. Ich spreche hier natürlich nicht davon, seiner Bequem-lichkeit nachzugeben. Wer sein Training schon aus Be-quemlichkeit vernachlässigt, wird vermutlich erst gar nicht in die Situation kommen, dass er mit Leistungs-plateaus umgehen muss, weil man nur durch langfristig optimale Trainingsplanung soweit an sein Potential he-rankommt, dass sich eine Stagnation einstellt. Diese ist dann ein Zeichen dafür, dass ich mich der Grenze des eigenen Potentials nähere.

WERDE ZU DEINEM ZIEL!

Während all die zuvor genannten Ratschläge hilfreich sind, um dauerhaft motiviert zu bleiben und mit Spaß an den selbstgesteckten Zielen zu arbeiten, komme ich jetzt zur Königsdisziplin der Motivation. Wer wirklich 100% seiner potentiell verfügbaren Energie freisetzen möchte, muss mit der eigenen Vision verschmelzen. Wenn dein Traum so sehr zu einem Teil von dir selbst geworden ist wie deine Hände oder deine Augen, dann wirst Du im Stande sein, Dinge zu bewegen, die andere für vollkommen unmöglich halten. Du wirst dir dein Ziel nicht mehr erarbeiten, sondern es erleben.

Dann ist der nächste Schritt in Richtung deiner Vision für dich genauso lebensnotwendig, wie dein nächster Atemzug. Wer diesen Zustand erreicht, ist auf dem bes-ten Weg sein eigenes Potenzial nicht nur auszuschöpfen sondern zu „sprengen" und über sich selbst hinauszu-wachsen.

Sind Veganer die besseren Menschen?

Veganern wird von der Gesellschaft bisweilen ein etwas sentimentales Gutmenschentum und damit einherge-
hend eine gewisse Überheblichkeit nachgesagt, wobei oft davon die Rede ist, dass sich Veganer angeblich für
etwas Besseres halten. Stimmt das? Halte ich mich durch meinen Veganismus für besser als andere Menschen?
Ja und Nein. Als ich mich dazu entschieden habe, vegetarisch und später auch vegan zu werden, wollte ich
etwas Besseres sein. Ich wollte besser sein, als ich war, bevor ich diesen Schritt gemacht habe. Ich habe
das Gefühl, dass mir das geglückt ist. Ich habe meinem Gewissen viel mehr Gewicht bei meinen täglichen
Entscheidungen und Handlungen eingeräumt und das fühlt sich sehr gut an. Natürlich endet eine solche Entwicklung nicht am Tellerrand. Vegan zu sein durchzieht mein ganzes Leben. Essen, Pflegeprodukte, Kleidung
und viele andere Konsumgüter stellen einen täglich vor die Wahl und vegan ist nur ein „Wegweiser" in diesem

Dickicht von Entscheidungen. Fair-Trade, Fair-Labor, Bio oder die Entscheidung möglichst regional zu konsumieren, sind andere. Es geht immer wieder darum, eine gute Entscheidung zu treffen und nicht die einfachst mögliche. Und ich sehe eine solche Entwicklung als dauernden Prozess, indem ich täglich erneut lerne, worauf man noch achten kann, um künftig noch bessere Entscheidungen zu treffen. Es ist oft im Leben einfacher, die Augen vor der Wahrheit zu verschließen, als sie zu öffnen und Konsequenzen aus den eigenen Verfehlungen zu treffen. Machen dich offene Augen und ein offenes Herz zu einem besseren Menschen? Ja, unbedingt!

Wach auf! Gehe bewusst und achtsam durchs Leben! Versuche nicht, besser zu sein als die anderen! Versuche, besser zu sein als gestern!

ERNÄHRUNGSKOMPASS

Im Folgenden Teil möchte ich auf einige Grundbegriffe der Ernährung eingehen, damit vielleicht an der einen oder anderen Stelle besser klar wird, warum ich bestimmte Dinge so empfehle, wie ich es tue. Dabei will ich vorweg einige Dinge festhalten. Dieser Teil des Buches erhebt nicht den Anspruch, alle wichtigen Aspekte zu den genannten Themen erschöpfend abzuhandeln. Dazu wäre ein eigenes sehr dickes Buch nötig und selbst der Versuch würde den Rahmen dieses Buches vollkommen sprengen.

Mir geht es hier vielmehr um einen kleinen Überblick für den interessierten Leser, der sich dann problemlos mit weiterführender Literatur oder in Zukunft durch weitere von mir veröffentlichte Videos, in denen ich auf einzelne Themen noch einmal gesondert eingehen werde, weiter informieren kann. Da ich den Text lesbar halten will, verzichte ich auf Fußnoten und Nachweise jeder Aussage, die ich treffe. Der Text ist keinesfalls als wissenschaftliche Abhandlung anzusehen. Vielmehr möchte ich einige Dinge, die ich über die Jahre gelernt habe, in Verbindung mit meinen eigenen Erfahrungen zusammentragen, um eine Art kleinen Überblick über wichtige Themen der Ernährung im Allgemeinen und der veganen Ernährung im Besonderen anzubieten.

Der Text ist zudem für absolute Anfänger im Thema Ernährung eher ungeeignet, weil nicht alle Grundbegriffe ausführlich eingeführt werden, sondern eher in sehr knapper Form auf diese eingegangen wird.
Mikronährstoffe

Die wohl prominentesten Mikronährstoffe sind Vitamine. Schon als Kind bekommen wir eingetrichtert, dass wir angeblich dies oder jenes essen müssen, damit wir unsere Vitamine bekommen. Wenn wir Glück haben, lernen wir beim Großwerden selbst einiges über Ernährung und sind nicht mehr auf die leider meist wenig fundierten Ratschläge unserer Eltern angewiesen. Jeder von uns sollte sich mit dem Thema Ernährung auseinandersetzen, da das, womit wir unseren Körper „füttern" eine immense Bedeutung dafür hat, wie unser eigenes Leben verläuft. Unsere Ernährung beeinflusst nicht „nur" unsere Lebenserwartung, sondern auch unsere körperliche und geistige Leistungsfähigkeit und sogar die Wahrscheinlichkeit dafür, ob wir glücklich oder unglücklich sind, wird von dem beeinflusst, was wir täglich essen.

Doch Vitamine sind bei weitem nicht die einzige Gruppe von Mikronährstoffen, die einen erheblichen Einfluss auf unser Wohlbefinden hat. Wir nehmen täglich mit der Nahrung tausende verschiedene Substanzen wie Mineralien und Spurenelemente Enzyme, sekundäre Pflanzenstoffe, Hormone und eine Vielzahl weite

rer teils kaum erforschter Substanzen auf, die unseren Organismus der in sich hoch komplex ist auf vielfältige Weise beeinflussen. Da die Biologie hinter dem Thema Ernährung aber eben so komplex ist und zudem individuelle Unterschiede zwischen verschiedenen Menschen auch eine Rolle spielen, habe ich oft das Gefühl, dass sich verschiedene Quellen widersprechen, auch wenn dieser Widerspruch bei näherem Hinsehen auf den ersten Blick nicht klare Variablen erklären kann.

Leider spielen zudem absichtlich gestreute Fehlinformationen von verschiedenen Seiten eine Rolle bei der immer noch weit verbreiteten Ahnungslosigkeit weiter Teile der Gesellschaft über das doch für jeden Einzelnen so relevante, ja lebenswichtige, Thema. Da sich mit Nahrungsmitteln unglaublich viel Geld machen lässt und das heutige globalisierte Wirtschaftssystem auf geradezu beängstigende Weise vom Gesetz der Profitmaximierung regiert wird, sind wir als Verbraucher das Ziel einer ausgeklügelten Marketingmaschinerie der großen Konzerne, die uns dazu bringen soll. genau das zu essen, was den Konzernen möglichst viel Geld einbringt.

Das Thema fängt aber schon wesentlich früher in der Produktionskette an, wenn z.B. der Saatguthersteller durch genetisch veränderte Samen, die unfruchtbare Pflanzen hervorbringen, den Erzeuger im „Würgegriff" seiner Interessen hält und so diktiert, was überhaupt erst im großen Stil auf den Markt kommt, und wer wie „mitspielen" darf.

Auch unsere EU-Staaten helfen gern mit, wenn sich etwa die Weltbank am Schuldendienst afrikanischer Länder die Taschen vollmacht oder der Internationale Währungsfond mit seiner Aktivität direkt für Hungerkatastrophen sorgt und Staaten die versuchen, die Katastrophe zu verhindern, noch für ihre Arbeit bestraft, weil etwa ein stabiler Getreidepreis für den vollgefressenen Durchschnittsgroßaktionär in London, München oder New York wichtiger ist, als das Leben tausender Kinder in Somalia. Wirklich pervers wird das Ganze erst, wenn die Krisen, die nichts anderes sind als der Preis unseres eigenen Wohlstands, an dem wir zu recht bereits gesundheitlich zugrunde gehen, von Menschen in den Armenhäusern dieser Welt bezahlt werden und sich die Staaten, die das Problem erst verursacht haben, dafür feiern lassen, dass sie einen Bruchteil dessen, was sie den Menschen in Afrika, Indien und an vielen anderen Orten der Welt gestohlen haben, in Form sogenannter Entwicklungshilfe zurückgeben.

Der Durchschnittskonsument von BILD und RTL nimmt leider nur den manipulierten Deckmantel dieser Umstände, der uns präsentiert wird, wahr und weiß kaum etwas über die darunterliegende Wahrheit, für die wir uns alle schämen sollten. Ist es in Ordnung, dass unsere Viehwirtschaft Getreide verbraucht, das den Hungernden vor der Nase weg gekauft wird? Sicherlich nicht! Aber es bleibt unserem Gerechtigkeitssinn ein kleiner Trost bei der ganzen Sache. Wir sterben an unserer eigenen Gier und Fresssucht.

Nach wie vor sind die typischen Zivilisationskrankheiten die effizientesten Massenmörder in den westlichen Gesellschaften. Wir sterben buchstäblich an unserer eigenen Fresssucht und auch das ist Teil der industriellen Profitmaschine. So werden wir erst krank gemästet, damit wir in Folge zu dankbaren Kunden der chemischen Industrie werden. Wer krank und von Fehlinformationen verblödet ist, der kauft in seiner Verzweiflung alles, was die Pharmaindustrie ihm für teures Geld vor die Nase setzt.

Glücklicherweise stehen heute jedem, der an unverfälschter Information interessiert ist, vielfältige Möglichkeiten zur Verfügung um ungefilterten Zugriff zu wissenschaftliche Daten und unabhängige Berichterstattung zu erhalten. Das Einzige, was man selbst mitbringen muss, ist der Wille seine Augen auch vor unbequemen Wahrheiten zu öffnen.

Mir geht es hier keinesfalls darum, abgedrehte Verschwörungstheorien zu spinnen. Aber wer allen Ernstes denkt, dass die breit aufgestellten Massenmedien unabhängig arbeiten, der hat meinen Respekt für die kindliche Naivität die er/sie sich erhalten hat. Nicht einmal die öffentlich-rechtlichen Medien sind heute auch nur ansatzweise unabhängig, wobei es natürlich immer wieder Lichtblicke gibt.

Wer die Welt heute verstehen will, muss sich selbst auf die Suche nach der Wahrheit machen und diese liegt nun mal nicht auf der Straße, sondern man muss sie sich erarbeiten. Natürlich ist es nahezu unmöglich, unsere ganze Welt mit all ihrer vielfältigen Komplexität gänzlich zu durchschauen, aber das Thema Ernährung ist jede Mühe wert. Es steht immerhin dein Leben auf dem Spiel!

VITAMINE

Vitamine werden je nach Löslichkeit in wasserlösliche und fettlösliche Vitamine eingeteilt. Während die wasserlöslichen Vitamine täglich zugeführt werden müssen, um eine ausreichende Versorgung sicherzustellen, können fettlösliche Vitamine etwa in der Leber gespeichert werden und müssen so nur von Zeit zu Zeit zugeführt werden, um eine Auffrischung der körpereigenen Speicher zu gewährleisten. Eine Überversorgung mit wasserlöslichen Vitaminen ist in der Regel ungefährlich, da der Körper den Überschuss mit dem Harn ausscheidet. Trotzdem kann eine chronische Überdosis auch bei wasserlöslichen Vitaminen irgendwann zu Gesundheitsschädigungen führen, weshalb gerade mit Nahrungsergänzungsmitteln nicht leichtfertig umgegangen werden sollte. Eine Überversorgung mit fettlöslichen Vitaminen kann im Extremfall sogar zum Tode führen. Gefährliche Überdosen an Vitamin A treten etwa beim Verzehr der Leber von Karnivoren auf. Vitamin A kommt übrigens generell nur in Produk-

ten tierischen Ursprungs vor. Die pflanzliche Form des Vitamins ist seine Vorstufe, das ß-Karotin, das erst in unserem Körper zu Vitamin A weiterverarbeitet wird. Da die körpereigene Umwandlung von ß-Karotin zu Vitamin-A aber stoffwechselseitig reguliert ist, kommt es auch bei sehr hohen ß-Karotin-Dosierungen nicht zu gesundheitlichen Folgeerscheinungen. Da die meisten Vitamine in einer ausgewogenen veganen Ernährung ohnehin reichhaltig vorkommen, gehe ich im Folgenden nur auf die etwas schwierigeren Fälle ein, die einer besonderen Aufmerksamkeit bedürfen.

B12

Vitamin B12 in natürlicher Form ist ein Stoffwechselprodukt von Mikroorganismen. Ein Grund warum die Abdeckung des B12 Bedarfs heute ein Problem ist, ist die Tatsache, dass wir diese B12-produzierenden Mikroorganismen durch unseren besonders hygienischen Umgang mit frischen Lebensmitteln vernichten oder abwaschen, sodass wir zu wenig B12 in dieser natürlichen Form zu uns nehmen. Veganer können ihren B12-Bedarf anz einfach durch Nahrungsergänzungsmittel decken. Dabei ist es interessant zu wissen, dass der Körper B12 für bis zu fünf Jahre speichern kann. Es stimmt, dass tierliche Produkte wie Fleisch und Milch oder Innereien B12 enthalten, jedoch stammt dieses B12 auch aus künstlich angereichertem Futter, da die Tierindustrie die essentiellen Mikroorganismen durch exzessiven Einsatz von Antibiotika ausrottet. Dieser massive Einsatz von Antibiotika birgt aber auch weitere Gefahren, wie etwa die Entstehung resistenter Krankheitserreger, gegen die wir in der Behandlung machtlos sind, wenn sie auf den Menschen übergreifen.

Wichtig ist noch zu wissen, dass verschiedene vegane Nahrungsergänzungsmittel wie etwa Bierhefe oder Algenpräparate wie Spirulina nur B12 Analoga enthalten, die wiederum zwar den B12 Spiegel im Blut erhöhen, jedoch nicht in der gleichen Weise biologisch aktiv werden wie echtes B12 (Cobalamine). Dadurch dass das Analogon dem echten B12 ähnelt aber inaktiv ist, verdrängt es sogar das Cobalamin und kann so zu Problemen bei der B12 Resorption führen. Daher ist Vorsicht mit Bierhefe und Algenprodukten als Nahrungsergänzungsmittel geboten. Zumindest sollte immer B12 gesondert ergänzt werden.Bei Spirulina sollte man zusätzlich darauf achten, dass das Produkt nicht aus echten Meeresalgen gewonnen wird, da diese mit

Nur 5 g sonnengetrocknete Austernpilze täglich versorgen uns bereits effektiv mit Vitamin D und beugen einem Mangel vor

Spuren unterschiedlicher bedenklicher Substanzen belastet sein können. Besser sind Produkte, welche aus im Bioreaktor gezüchteten Algen gewonnen werden. Bierhefe ist, was den B-Komplex allgemein angeht (außer B12) eine sehr gute natürliche Quelle und wird von mir seit Jahrzehnten zur Ergänzung meiner Ernährung eingesetzt. Ich nutze dazu gepresste Tabletten, die man in Drogerien und Reformhäusern aber auch in der entsprechenden Abteilung im Supermarkt bekommt. Es gibt Bierhefe auch in Flockenform, da ich den Geschmack aber nicht besonders mag, ziehe ich die Tabletten vor.

VITAMIN D

Vitamin D kann von unserem Körper, wenn unsere Haut in genügendem Maße in den Genuss von direkter Sonneneinstrahlung kommt, selbst gebildet werden. Gehemmt wird diese körpereigene Fähigkeit der Vitamin D-Synthese durch Sonnenschutzcremes und einen dunkleren Hauttyp. Dadurch, dass wir immer mehr Zeit in geschlossenen Räumen verbringen und weil aus Sorge um das Risiko auf Hautkrebs große Teile der Bevölkerung starke UV-Bestrahlung generell meiden, haben wir heute einen gesellschaftlich weit verbreiteten Vitamin D-Mangel. Da Vitamin D aber eine Schlüsselrolle bei verschiedensten Stoffwechselvorgängen spielt, ist die breite Unterversorgung der Bevölkerung ein nicht zu unterschätzendes gesamtgesellschaftliches Problem. Bei der Wahl von Nahrungsergänzungsmitteln sollte darauf geachtet werden, dass es das Vitamin in Form von D2 enthält. Es werden heute vermehrt Präparate angeboten, die die D3 Form des Vitamins beinhalten. Das D3 ist aber meist tierlichen Ursprungs. Weil Vitamin D in den meisten Lebensmitteln nur in relativ unbedeutenden Mengen vorkommt, ist es nahezu unmöglich durch die Ernährung dem Mangel der durch die fehlende Sonnenbestrahlung unserer Haut auftritt effektiv entgegen zu wirken. Daher sollte man gerade bei Kindern und Heranwachsenden auf eine ergänzende Versorgung durch Nahrungsergänzungsmittel zurückgreifen. Jedoch muss man hier nicht auf synthetische Produkte zurückgreifen, da es eine tolle natürliche, vegane Alternative gibt. Sonnengetrocknete Austernpilze stellen sämtliche andere natürliche Vitamin D Quellen in den Schatten. Nur 5 g sonnengetrocknete Austernpilze täglich versorgen uns bereits effektiv mit Vitamin D und beugen einem Mangel vor. Man kann auch fertige Präparate aus dem Pulver der getrockneten Pilze kaufen, wenn man unbedingt eine Kapsel schlucken möchte. Wichtig ist, darauf zu achten, dass die Pilze sonnengetrocknet sind, da der größte Teil des enthaltenen Vitamins erst beim trocknen in der Sonne entsteht, weil im Pilz ein ähnlicher Prozess abläuft wie bei der körpereigenen Vitamin D-Produktion unter unserer Haut.

Da der Austernpilz eine ganze Palette gesundheitsfördernder Eigenschaften besitzt, sollte man ihn regelmäßig nicht nur getrocknet als Nahrungsergänzung, sondern auch frisch genießen. Der Pilz ist eine gute Quelle für Eisen und B-Vitamine, enthält Stoffe mit antioxidativer und probiotischer Wirkung, besitzt eine positive Wirkung auf den Blutdruck und die Blutfettwerte und wirkt muskelentspannend.

EISEN

Vollkorngetreide und Hülsenfrüchte oder zum Beispiel auch Kürbiskerne sind gute pflanzliche Eisenlieferanten. Das in pflanzlichen Quellen enthaltene Eisen ist immer dreiwertig (F-III) während in tierlichen Eisenquellen wie Fleisch meist zweiwertiges Eisen (F-II) vorkommt.

Zweiwertiges Eisen wird von unserem Körper etwas besser aufgenommen als das dreiwertige Eisen pflanzlichen Ursprungs. Jedoch tritt ein Eisenmangel meist nicht aufgrund von zu wenig Eisen in der Ernährung auf, sondern aufgrund der Tatsache, dass eine Reihe von Nahrungsmitteln die Eisenresorption hemmt.

Ich selbst habe als Vegetarier unter einem chronischen Eisenmangel gelitten, für den mein täglicher Konsum größerer Mengen an Milchprodukten verantwortlich war. Das ging so weit, dass selbst die Supplementierung von Eisen durch entsprechende Präparate keine befriedigende Besserung brachte. Heute ernähre ich mich vegan, muss Eisen nicht mehr supplementieren und habe trotzdem stabile Eisenwerte.

Milch und Ei wirken ebenso hemmend auf die Eisenaufnahme wie Schwarzer Tee und Kaffee. Glücklicherweise lässt sich die Eisenaufnahme aber auch durch verschiedene Stoffe verbessern. Eine gleichzeitige Gabe von Vitamin C oder anderen organischen Säuren mit eisenhaltigen Nahrungsmitteln kann die Eisenaufnahme deutlich verbessern. Dazu kann man etwa Orangensaft oder andere saure Säfte zu den Mahlzeiten trinken oder wenn es passt, Sauerkraut als Beilage zu der Mahlzeit

essen. Eine übermäßige Versorgung mit Mineralstoffen, etwa durch den maßlosen Einsatz entsprechender Präparate hingegen wirkt negativ auf die Eisendesorption.

CALCIUM

Calcium wird oft als Argument für den angeblichen Wert von Kuhmilch im Rahmen einer vollwertigen Ernährung angegeben. Kuhmilch enthält unbestrittener Weise eine Menge Calcium. Was jedoch von der Werbeindustrie gerne verschwiegen wird, ist das Kuhmilch nicht nur Calcium liefert sondern es zugleich auch in erheblichem Umfang verbraucht. Kuhmilch enthält nämlich wie alle tierlichen Proteinquellen einen besonders hohen Anteil schwefelhaltiger Aminosäuren. Beim Abbau dieser Aminosäuren fällt eine größere Menge Säure an, die der Körper neutralisieren muss, um den Stoffwechsel im Gleichgewicht zu halten.

Beim körpereigenen Ausgleich des Säure-Basen-Haushalts wird jedoch Calcium aus den Knochen gelöst, und somit dem Körper wieder entzogen. Osteoporose als typisches Symptom einer Calcium-Unterversorgung geht statistisch gesehen einher mit einem typisch westlichen Ernährungsstil, das reich an tierlichem Protein und somit auch Milchprodukten ist.

Bedenkt man nun also, dass nicht nur die Calcium-Zufuhr, sondern auch der ernährungsbedingte Calcium-Verbrauch eine Rolle für die Aufrechterhaltung des Calcium-Haushalts spielen, wird schnell klar, warum Veganer trotz geringerer Calcium-Aufnahme statistisch gesehen im Schnitt genauso gut oder sogar besser mit Calcium versorgt sind, wie Mischköstler. Wer Calcium in Form von Nahrungsergänzungsmitteln zu sich nimmt, sollte immer auch Magnesium ergänzen, da das Gleichgewicht dieser Beiden Mineralien wichtig ist, damit unser Elektrolythaushalt richtig funktioniert und wir leistungsfähig bleiben. Dabei ist zu beachten, dass Calcium und Magnesium bei der Resorption in Konkurrenz zueinander stehen. Daher ergänze ich Calcium vor dem Training und Magnesium danach.

Wie eingangs bereits erwähnt, halte ich es für wichtig, zu verstehen, dass Vitamine, Mineralstoffe und Spurenelemente nicht die einzigen lebenswichtigen Stoffe sind, die wir regelmäßig durch die Nahrung zuführen müssen. Wir leben in einer Gesellschaft, deren Lebensgeschwindigkeit es dem Menschen immer schwieriger macht, genug Zeit für die grundlegenden Bedürfnisse unseres Körpers aufzubringen. In der Reaktion auf den gesellschaftlich vorgegebenen Takt, machen wir auch beim Essen Abstriche und versuchen diese in der Folge durch die Einnahme von Vitamin-Präparaten und anderen Nahrungsergänzungsmitteln auszugleichen. Leider ist dieses Vorgehen aber auf lange Sicht ineffektiv. Vitamine wirken in natürlicher Nahrung in Interaktion mit hunderten anderer Stoffe, die ihre Wirkung auf vielfältige Weise verstärken, regulieren oder sogar aufheben. Ein Präparat mit einigen isolierten Wirkstoffen kann niemals den gleichen „Klang" erzeugen, wie das Konzert eines vollbesetzten Orchesters natürlicher Wirkstoffe, den ein Obstteller in deinem Körper zelebriert. Zudem kennen wir heute noch gar nicht alle relevanten Wirkstoffe, die die Natur uns so reichhaltig anbietet, daher ist es ein Trugschluss zu denken, dass man mit der Einnahme einiger Präparate seinen Bedarf an natürlichen Wirk- und Heilstoffen decken kann. Schon Hippokrates sagte: „Lass Nahrung deine Medizin sein und Medizin deine Nahrung!". Hippokrates war übrigens Vegetarier.

> *Schon Hippokrates sagte: „Lass Nahrung deine Medizin sein und Medizin deine Nahrung!". Hippokrates war übrigens Vegetarier*

WASSER

Wasser ist das Lebensmittel, dessen Entzug am schnellsten zu einer starken Beeinträchtigung der Körperfunktionen führt. Das macht Wasser wohl zum wichtigsten Nährstoff, obwohl es im klassischen Sinne kein Nährstoff ist, da es keine Energie enthält, zumindest nicht in einer Form, in der sie der Körper aufspalten könnte. Unser Körper besteht zu 70% aus Wasser. Bei Wassermangel werden wir durstig. Dabei müssen wir unterscheiden zwischen dem sogenannten volumetrischen Durst und dem sogenannten osmotischen Durst. Volumetrischer Durst stellt sich ein, wenn wir zu wenig Wasser zugeführt haben und dementsprechend die Wassermenge in unserem Körper einfach zu niedrig

ist. Der osmotische Durst kann sich einstellen, obwohl wir eigentlich genug Wasser zu uns nehmen, und zwar genau dann, wenn wir eine große Menge an Salzen und anderen wasserlöslichen Stoffen zu uns nehmen und so die Salz- oder auch Zucker-Konzentration zu hoch wird.

Wenn man sich vorstellt, dass man z.B. eine ganz große Portion Schokoladeneis gegessen hat, also etwas, was sehr zuckerhaltig ist, dann wird man oft, nachdem man das Speiseeis gegessen hat, durstig. Das hat natürlich nichts damit zu tun, dass man dem Körper zu wenig Wasser zugeführt hätte, im Gegenteil, man hat ja mit dem Speiseeis auch Wasser zugeführt. Trotzdem stellt sich der Durst ein, einfach weil die Konzentration wasserlöslicher Teile im Körper zu hoch wird und der Körper merkt, dass er zusätzliches Wasser benötigt, um diese Konzentration wieder auf ein normales Niveau zu bringen, damit Stoffwechselvorgänge witerhin normal funktionieren. Dafür ist das Gleichgewicht zwischen bestimmten Mineralien oder zwischen bestimmten wasserlöslichen Stoffen ganz wichtig, damit der Stofftransport zwischen den Zellen und von der Zelle nach außerhalb der Zelle und umgekehrt reibungslos verlaufen kann. Es ist nicht ohne weiteres möglich, genau zu sagen, wie viel Wasser wir pro Tag zuführen müssen, weil das stark schwanken kann, je nachdem, wie viel Wasserverlust stattfindet. Wenn ich mir beispielsweise vorstelle, dass ich im Sommer viel draußen bin und jogge, dann werde ich natürlich einen ganz anderen Wasserbedarf haben, als wenn es Winter ist und ich hauptsächlich am „Erfrieren" bin und mich dazu vielleicht auch noch nicht gerade viel bewege. Es empfiehlt sich also bei der Wasseraufnahme auf seinen Körper zu hören und zu versuchen, von vornherein durch genug Flüssigkeitszufuhr zu vermeiden, dass sich ein spürbarer Durst einstellt. Das soll heißen, dass sobald ich das Gefühl habe, dass ich Lust habe, Wasser oder Flüssigkeit zuzuführen, ich diesem Verlangen sofort nachgeben sollte. Allerdings sollte man auch im Hinterkopf behalten, dass auch eine zu hohe Wasserzufuhr, insbesondere wenn das Wasser mineralienarm ist, gefährlich sein kann. Wenn ich nämlich sehr mineralarmes Wasser trinke, dann entzieht dieses mineralarme Wasser dem Körper Mineralien. Schuld daran ist das physikalische Gesetz der Osmose, nach dem die wasserlöslichen Teile in der Lösung immer danach streben, sich gleich zu verteilen. Wenn ich also meinem Körper, nehmen wir mal das Extrembeispiel, völlig demineralisiertes Wasser, also destilliertes Wasser zuführen würde und ich davon ausgehen muss, dass wenn das Wasser meinen Körper in Form von Urin oder Schweiß verlässt, dieses Wasser natürlich Mineralien enthält (denn sowohl der Urin und der Schweiß sind salzig) dann entnimmt das Wasser dem Körper Mineralien und schwemmt sie aus. Dementsprechend nimmt dann natürlich die Mineralienkonzentration, also die Salzkonzentration, im Körper ab, was über einen längeren Zeitraum zu gesundheitsschädlichen Zuständen führen kann.

Womit wir zum nächsten Punkt kommen, nämlich der Frage, welche Konzentration an Teilchen im Wasser eigentlich optimal ist, um beispielsweise die Wasserzufuhr während des Sports optimal zu gestalten. Jahrelang wurden uns diverse isotonische Getränke von der Industrie angepriesen. Isotonisch heißt in dem Fall, dass sie die gleiche Teilchenkonzentration enthalten wie sie auch in unserem Körper normalerweise vorkommt, sodass sie dem Körper weder Salze entziehen, noch zu viel Salze zuführen und dementsprechend das Gleichgewicht durcheinander bringen, also Flüssigkeit im Körper optimal ersetzen. Das ist generell auch keine schlechte Herangehensweise, nur brauchen wir dazu nicht unbedingt ein Iso-Getränk, sondern können solche Getränke wunderbar selbst herstellen. Apfelschorle wird zwar oft als „do it yourself"-Iso-Getränk angeführt ist aber eher suboptimal und kann sogar potentiell leistungsmindernd wirken, da ihr Mineralien fehlen, der Anteil an Fruchtzucker sich negativ auf die Hydration des Körpers auswirken kann und es einfach bessere Alternativen gibt. Eine Variante für einen Iso-Drink stelle ich euch in den Rezepten im Teil „Smoothes, Shakes und mehr" vor.

PROTEIN

Proteine gehören zusammen mit den Fettsäuren und Kohlenhydraten zu den sogenannten Makronährstoffen, die als Energiesubstrate und Baustoff eine überlebensnotwendige Funktion in unserem Stoffwechsel übernehmen. Dabei fungieren Kohlenhydrate und Fettsäuren in vielen Fällen als Energieträger, während Proteine eine wichtige Funktion als Bausteine unterschiedlichster Strukturen und Gewebe unserer Organe bis hin zur Ebene einzelner Zellen haben, wo Proteine wichtige Strukturen, etwa beim Aufbau von Rezeptoren auf der Zelloberfläche oder der dort andockenden Hormone bilden. Jedes Protein besteht dabei aus einer zusammenhängenden Struktur von Aminosäuren. Es gibt mehrere hundert bekannte bio-

logisch vorkommende Aminosäuren. Ernährungsphysiologisch besonders interessant sind dabei die 23 bekannten Vertreter der Klasse der α-Aminosäuren, welche die Bausteine von Proteinen ausmachen. Hier unterscheidet man wiederum zwischen essentiellen, semiessentiellen und nicht-essentiellen Aminosäuren. Nicht-essentielle Aminosäuren kann der menschliche Körper selbst synthetisieren, semi-essentielle Aminosäuren kann unser Körper zwar selbst bilden, allerdings ist in bestimmten Situationen oder Entwicklungsstadien eine Aufnahme dieser durch die Nahrung notwendig (essentiell). Essentielle Aminosäuren müssen immer mit der Nahrung aufgenommen werden, da unser Körper diese nicht selbst synthetisieren kann.

Soweit zur Theorie. Wichtig für Sportler ist Protein auch deshalb, weil unsere Muskulatur, genauso wie viele andere Gewebe, auf Proteinstrukturen basiert. Das heißt also, dass wir unsere Proteinversorgung sicherstellen müssen, damit unser Körper immer genug „Baumaterial" zur Verfügung hat, um Muskelgewebe aufzubauen. Dabei ist es wichtig, ein ausgewogenes Verhältnis der Aminosäuren zueinander sicherzustellen. Das macht man am besten, indem man über den Tag verteilt möglichst viele unterschiedliche proteinhaltige Nahrungsmittel zu sich nimmt, damit etwaige „Schwächen" im Aminosäuren Profil bestimmter Quellen durch andere Quellen ausgeglichen werden können. Es gibt verschiedene Methoden, die Eignung eines Proteins zum Aufbau fettfreier Körpermasse festzustellen. Eine Methode ist die Ermittlung der biologischen Wertigkeit nach dem klassischen Verfahren von Thomas, eine weitere Methode, nämlich die „Protein Digestibility Corrected Amino Acid Score" PDCAAS-Methode, bestimmt die Qualität von Proteinen auf der Grundlage des Aminosäurebedarfs des Menschen. Diese beiden Methoden stellen zusammen die wohl am häufigsten angewandten Verfahren zur Bestimmung der Protein-Effizienz in Bezug auf die Einlagerung von körpereigenem Protein dar, wobei die PDCAAS-Methode als die adäquatere Berechnungsformel anzusehen ist, da sie Menschen als Referenzorganismus verwendet im Gegensatz zu Ratten bei der biologischen Wertigkeit und die Verdaulichkeit des Proteins mit in die Rechnung aufnimmt. Und damit wir uns gleich richtig verstehen: ich halte beide Methoden in der alltäglichen Lebenswirklichkeit eines Menschen für wenig bis gar nicht aussagekräftig. Beide Methoden machen eine Qualitätsaussage, die so nur im Labor Gültigkeit hat. Ich will das an einem konkreten Beispiel klarmachen.

Weizenprotein hat durch den geringen Anteil an der

essentiellen Aminosäure Lysin (typisch für Getreideproteine) einen PDCAAS von nur 0.42, allerdings hat Weizenprotein einen hohen Gehalt an Methionin, einer weiteren essentiellen Aminosäure. Das Protein von weißen Bohnen hat wiederum (typisch für viele Hülsenfrüchte) einen niedrigen Gehalt an Methionin und dadurch nur einen PDCAAS zwischen 0.6 und 0.7, ist aber eine reichhaltige Quelle für Lysin. Kombiniert man beide Quellen, erhält man einen perfekten PDCAAS von 1. Was uns dieses Beispiel zeigt, ist, dass die Werte einzelner Proteinquellen nur dann interessant sind, wenn jemand den ganzen Tag lang nur eine einzige Proteinquelle verspeist. Wenn Du also nicht gerade in einem nordkoreanischen Gefängnis sitzt und der Wärter sich dazu entschlossen hat, dir nur noch Brot und Wasser zu geben, dann kannst Du die Rechenkunststückchen der Ernährungsforschung

Rindfleisch hat beispielsweise einen PDCAAS von 0.9 und wird damit von der Kombination von Weizen und Bohnen übertroffen

getrost wieder vergessen. Es gibt ganz wenige Fälle, wie etwa bei einer drohenden Hungerkatastrophe, wo diese Effizienzskalen von Belang sind, weil man bei geringen Ressourcen eine möglichst ausreichende Versorgung der Bevölkerung sicherstellen muss. Der Alltag von 99% der deutschen Bevölkerung dürfte aber so aussehen, dass eine Vielzahl von Proteinquellen auf den Tisch kommt und es somit am Ende des Tages nur schwer hinzubekommen sein sollte, eine ausgewogene Versorgung mit allen essentiellen Aminosäuren NICHT zu erreichen. Was uns das Beispiel jedoch auch zeigt, ist die Tatsache, dass wenn manche pflanzliche Proteinquellen auch auf den ersten Blick, in Bezug auf ihr Aminosäuren Profil, nicht perfekt zu sein scheinen, ihre Kombination mit Leichtigkeit optimale Quellen generiert, die tierische Proteinquellen übertreffen. Rindfleisch hat beispiels-

30

weise einen PDCAAS von 0.9 und wird damit von der Kombination von Weizen und Bohnen übertroffen.

Die Maße der Proteineffizienz stehen aber nicht allein als Beispiel für im Labor relevante Parameter, die im Alltag eine nur geringe Rolle spielen und leider oft überbewertet werden, sodass Menschen durch diese Zahlenspielereien verleitet, oft unsinnige Entscheidungen bei ihrer Ernährung treffen.

Ein weiteres Beispiel ist der Tagesbedarf an bestimmten Vitaminen. Diese Empfehlung wird von Gremien wie der DGE herausgegeben und von vielen als Maß aller Dinge angesehen. Was dabei vergessen wird, ist, dass die Empfehlungen des DGE, wenn man vom Besten der Fälle ausgehen will, lediglich eine dem aktuellen Forschungsstand der Ernährungsforschung widerspiegelnde Empfehlung darstellen. Schaut man sich die Veränderungen dieser Empfehlungen über die Jahrzehnte an, stellt man schnell fest, dass das letzte Wort in der Forschung in vielen Bereichen noch nicht gesprochen ist. Jeder seriöse Wissenschaftler auf dem Gebiet wird dir gern bestätigen, dass wir noch weit davon entfernt sind, gänzlich zu verstehen, welche komplexen Interaktionen zwischen den unterschiedlichsten Substanzen, die wir mit der Ernährung aufnehmen, ablaufen. Die Nahrungsmittelindustrie ist aber natürlich daran interessiert, den Verbraucher mit einer gewisse Scheinsicherheit „einzulullen", um ihn glauben zu machen, dass er lediglich einigen leicht zu verstehenden Empfehlungen und Ratschlägen folgen muss, um alles „richtig zu machen". Wo wir aber nun schon bei der Industrie sind, sei auch erwähnt, dass der DGE, nicht wie man es eigentlich vermuten würde, eine unabhängige staatliche Einrichtung ist, die lediglich den Stand der Forschung in Form ihrer Empfehlungen an die Bevölkerung weitergibt, sondern zu nicht unerheblichen Teilen Vertreter der Tierindustrie in ihren Gremien sitzen. Jetzt gehe der Leser einmal kurz in sich und überlege, wie „unabhängig" eine Einrichtung sein kann, die Empfehlungen zu Produkten herausgibt, deren Produzenten mit im Gremium sitzen. Wer denkt, der Staat oder gar die Industrie hätte ein Interesse an wirklich unverfälschter und unabhängiger Informationsweitergabe an den Bürger, der muss leider als naiv bezeichnet werden. Wo so viel Geld zu verdienen ist, wie in der Lebensmittelindustrie, da haben immer auch Kräfte ihre Finger mit im Spiel, die an nichts weiter als ihrem eigenen Profit interessiert sind.

So, das soll es nun auch gewesen sein, was Politik angeht! Stellen wir uns nun die Frage, welche veganen Proteinquellen es gibt. Auch hier will ich zunächst darauf hinweisen, dass uninformierte Menschen tatsächlich annehmen, dass pflanzliche Kost generell im Proteingehalt tierischen unterlegen ist. Ein prima Beispiel, um dieses Fehldenken ad absurdum zu führen, ist die gemeine Erdnuss. Sie gehört zu den Hülsenfrüchten und enthält 25 g Protein pro 100 g. Ein Steak enthält pro 100 g 20 g Protein. Wir können also vorab schon einmal festhalten, dass es rein pflanzliche Proteinquellen gibt, die sowohl in Bezug auf Quantität (Proteingehalt) als auch in Bezug auf Qualität (Aminosäuren-Profil) bestens geeignet sind, auch einen sehr hohen Proteinbedarf problemlos zu decken. Gleich werden wir zudem erkennen, dass die Auswahl an veganen Proteinquellen zudem geradezu überwältigend ist. Die folgende Auflistung erhebt daher natürlich keinesfalls einen Anspruch auf Vollständigkeit. Sie gibt aber einige Beispiele für Quellen und Kombinationen, die ein complettes Aminosäurenprofil aufweisen:

- Soja
- Bohnen und Reis
- Erdnussbutter auf Brot
- Mais und Erbsen
- Hanfsamen
- Quinoa
- Amaranth
- Chia
- Buchweizen

Schließlich kommen wir zur Frage aller Fragen, wenn es um Protein geht. Wie viel Protein brauche ich eigentlich pro Tag? Der Proteinbedarf hängt individuell von einer Vielzahl von Faktoren ab. Wer generell einen schnelleren Stoffwechsel hat, tut auch gut daran, nicht nur mehr Kalorien, sondern auch mehr Protein zu sich zu nehmen, als jemand mit einem langsamen Metabolismus. Wer hauptsächlich einer sitzenden Tätigkeit nachgeht und keinen Sport treibt, wird vermutlich einen geringeren Proteinbedarf haben als etwa ein Kraftsportler. Der Kraftsportler hat wiederum auch einen höheren Proteinbedarf als etwa ein Langstreckenläufer. Nun wirst du vielleicht denken, der tägliche Proteinbedarf ist ein Buch mit Sieben Siegeln und du wirst nie hinter das Geheimnis der für dich persönlich optimalen täglichen Proteinzufuhr kommen. Dem ist aber nicht so. Nur musst Du verstehen, dass Biologie nicht so funktioniert wie Mathematik. Leider halten zum Beispiel viele Bodybuilder ihren Körper für eine Art „Taschenrechner mit Muskeln." Es werden auf das Gramm genaue Ernährungspläne im Feuer selbsternannter „Ernährungsgurus" geschmiedet und der gesamte Tag wird ernährungstechnisch nach diesen „Schlachtplänen" abgearbeitet. Zum einen geht dabei vollkommen die Freude am Essen als sinnliches Erlebnis verloren und zum anderen ignorieren diese Pläne verschiedenste Gegebenheiten der Biologie. Biologische Systeme, wie etwa der menschliche Organismus, setzen sich aus einer Vielzahl einzelner Subsysteme zusammen. Diese Subsysteme wiederum interagieren miteinander über chemische und bioelektronische Signalwege. Die Subsysteme bestehen wiederum selbst aus einer Vielzahl unterschiedlicher Untereinheiten und das geht immer so weiter bis runter auf die intrazelluläre Ebene. Danach wird es dann chemisch, aber immer noch nicht sehr einfach berechenbar. Da solch komplexe Systeme aber nicht exakt berechenbar sind, macht es in meinen Augen auch keinen Sinn so zu tun, als wären sie es und seine Ernährung auf das Gramm genau auszurechnen. Wer seinen Kontrollzwang ausleben möchte, kann das zwar trotzdem tun, muss es aber nicht. Wichtig ist, dass man lernt, seinen Körper zu beobachten. Dabei wiederum kann es durchaus dienlich sein, sich das, was man isst, aufzuschreiben und anhand dieser Aufzeichnungen und des subjektiven Befindens nach Anhaltspunkten für Optimierungsmöglichkeiten zu suchen. Bei der Suche nach der für dich optimalen täglichen Proteinzufuhr heißt das, dass du mit einer bestimmten Menge pro Tag beginnst und dann mit höheren oder niedrigeren Mengen experimentierst und dabei dein Wohlbefinden, sowie Parameter wie Körpergewicht, Körperzusammensetzung und Leistungsparameter im Training beobachtest. So findest du mit der Zeit die Menge, auf die dein Körper am besten reagiert. Wichtig dabei ist allerdings zu wissen, dass der eigene Körper sich im Laufe der Jahre ändert. In einem gewissen Alter, meist in der zweiten Hälfte der Zwanziger Lebensjahre beginnt der Stoffwechsel allmählich langsamer zu werden und du wirst vielleicht feststellen, dass Du mit 35 viel weniger Kalorien und auch Protein benötigst, als noch mit 25.

Nun bleibt nur noch die Frage, wo setze ich am besten an, um mit dem „Experiment Proteinbedarfsermittlung" zu beginnen. Im Folgenden gebe ich einige Beispiele für verschiedene Zielgruppen, die meinen Erfahrungen mit mir selbst und von mir betreuten Athleten entsprechen:

Tätigkeit	Proteinbedarf
Leichte körperliche Tätigkeit (z.B. Schreibtischarbeit) kein Sport	1g/kg Körpergewicht
Schwere körperliche Arbeit, aber kein Sport	1,5g/kg Körpergewicht
Schwere körperliche Tätigkeit und Sport	2g/kg Körpergewicht
Leistungssportler Ausdauer	1,5g/kg Körpergewicht
Leistungssportler mit Kraftanteil (z.B. Sprinter):	2g/kg Körpergewicht
Leistungssportler Kraftsport	2,5g/kg Körpergewicht

Unter Leistungssport wird hierbei jeder Sport verstanden, der darauf abzielt, über einen längeren Zeitraum die Leistungskapazität über das Normalmaß hinaus zu steigern. Leistungssportler kann nach dieser Definition auch jemand sein, der noch nie an einem Wettkampf teilgenommen hat.

Vorsicht vor übertriebener Proteinmast. Im Kraftsport sind täglich konsumierte Proteinmengen von 3-4 g/kg Körpergewicht keine Seltenheit. Über einen langen Zeitraum kann eine so hohe Proteinzufuhr zu verschiedenen gesundheitlichen Problemen führen. Die Niere kann durch übermäßige Proteinmast über lange Zeit hinweg überfordert werden und infolge dessen kann es im Körper zu einem Anstieg von Harnsäure bis hin zur Gichterkrankung kommen. Zudem wird der Körper durch ein extremes Überangebot an Protein darauf trainiert, Protein als Energiesubstrat zu verstoffwechseln, anstatt es als Baumaterial für Muskelgewebe einzulagern. Also ist es beim Experimentieren mit der Proteinzufuhr wichtig, genau auf die Reaktionen des eigenen Körpers zu achten und nicht erheblich mehr Protein als nötig zu konsumieren

KOHLENHYDRATE

Die für unsere Ernährung relevanten Kohlenhydrate sind energiehaltige Zuckerverbindungen oder Stärken, die von Pflanzen durch Photosynthese gebildet werden. 1 g Zucker oder Stärke liefern eine Energie von 4,1 kcal. Es gibt neben den Zuckern und Stärken noch die sogenannten Strukturkohlenhydrate wie etwa Cellulose, die für uns Menschen unverdaulich sind aber dennoch als sogenannte Ballaststoffe eine wichtige Rolle bei der Aufrechterhaltung einer funktionierenden Verdauung spielen.

Da Einfachzucker wie Dextrose zu einem schnellen Anstieg des Blutzuckerspiegels führen und so als Gegenreaktion des Körpers einen Anstieg des Blutinsulinspiegels provozieren, was wiederum dazu führt, dass der Blutzuckerspiegel, durch die Insulinwirkung, stark sinkt, sind diese als Langzeitenergiequellen eher ungeeignet. Durch das Auf und Ab des Blutzuckerspiegels führt der Genuss von Einfachzucker dazu, dass wir sowohl schneller wieder hungrig als auch müde werden. Somit ist der übermäßige Genuss von Monosacchariden (Einfachzucker) ein hervorragendes Mittel, um an Gewicht zuzulegen. Was hier so ironisch klingt, kann für jemanden, der wirklich einen ausgeprägt schnellen Stoffwechsel hat, eine Hilfe sein. Problematisch an der Gewichtszunahme durch Zuckerkonsum ist allerdings die Tatsache, dass eine so erzielte Gewichtszunahme immer zu nicht unerheblichen Teilen auf eine Fetteinlagerung zurückzuführen ist und übermäßiger Genuss von Einfachzucker einen potentiellen Risikofaktor zur Ausbildung einer Insulinresistenz darstellt.

Fruktose ist ein Zweifachzucker und hat einige besondere Eigenschaften. Er wird im Gegensatz zu den Monosacchariden weitestgehend insulinunabhängig verwertet und führt dadurch nicht zu den starken Blutzuckerschwankungen, die durch den Genuss von einfachzuckerhaltigen Lebensmitteln auftreten. Leider steht aber gerade Fruktose im Verdacht, die Entwicklung eines krankhaften Übergewichtes zu fördern. Zudem führt ein übermäßiger Genuss von Fruktose zu einem osmotischen Ungleichgewicht innerhalb des Verdauungstraktes und infolge dessen zu Durchfall. Daher ist etwa Apfelsaft in großen Mengen genossen ein wirkungsvolles Abführmittel. Da bei dieser Problematik aber der osmotische Effekt durch eine zu hohe Konzentration von Fruktose in der zugeführten Flüssigkeit eine Rolle spielt, kann man das Problem dadurch lösen, dass man eben den Apfelsaft mit Wasser zu einer Schorle verdünnt. Durch das Strecken der Flüssigkeit wird der Konzentrationsunterschied zwischen dem Getränk und dem körpereigenen Milieu ausgeglichen und dadurch das osmotische Ungleichgewicht aufgehoben.

Nachdem wir also nun zwei für eine langfristige Energieversorgung eher mäßig geeignete Kohlenhydrat-

Der glykämische Index gehört zusammen mit verschiedenen anderen physiologischen Kennwerten zu den gern von selbsternannten Ernährungsexperten und Trainern missverstandenen und oft falsch verwendeten physikalischen Parametern

gruppen kennengelernt haben, kommen wir zu einer Gruppe, die uns langfristig bessere Dienste erweist- die komplexen Kohlenhydrate. Sie beinhalten die Stärken, sowie die für uns nicht verwertbaren Strukturkohlenhydrate. Typische Stärkequellen sind Getreide, wie Roggen, Weizen und Reis sowie Mais oder Kartoffeln. Stärke wird von unserem Körper langsam aufgespalten und erhöht den Blutzuckerspiegel daher nur allmählich, was zu einer weniger abrupten Insulinantwort des Körpers führt und damit einen langfristig stabilen Blutzuckerspiegel begünstigt. Dies wirkt sich günstig auf die körperliche und geistige Leistungsfähigkeit aus.

An dieser Stelle möchte ich kurz das Konzept des glykämischen Index einführen. Der glykämische Index gibt den Anstieg des Blutzuckerspiegels nach dem Verzehr kohlenhydrathaltiger Speisen innerhalb der ersten zwei Stunden nach dem Verzehr der Speisen an. Steigt der Blutzuckerspiegel in dieser Zeit stark an, fällt der glykämische Index der Kohlenhydratquelle hoch aus. Steigt in dieser Zeit der Blutzuckerspiegel schwach an, dann fällt auch der glykämische Index niedriger aus. Zur Ermittlung des Indexes lässt man eine Versuchsperson eine Menge des jeweiligen Lebensmittels verspeisen, die 100 g Kohlenhydrate enthält. Als Referenzwert dient Dextrose, dessen Wert willkürlich mit 100 festgelegt wird. Der glykämische Index gehört zusammen mit verschiedenen anderen physiologischen Kennwerten zu den gern von selbsternannten Ernährungsexperten und Trainern missverstandenen und oft falsch verwendeten physikalischen Parametern. Oft wird nämlich vereinfacht behauptet, eine Kohlenhydratquelle sei dann besonders gut im Rahmen einer Diät zur Gewichtsreduktion geeignet, wenn Sie einen niedrigen glykämischen Index habe. Diese Behauptung ist aus verschiedenen Gründen falsch. Wenn wir uns beispielsweise daran erinnern, dass wir am Anfang gesagt haben, dass Einfachzucker einen schnellen Blutzuckeranstieg mit einem raschen Abstieg aufgrund der Insulinantwort des Körpers zufolge haben und uns nun vor Augen führen, dass etwa Weißbrot einen höheren glykämischen Index besitzt als Haushalszucker, dann wird klar, dass es schnell zu Fehlschlüssen kommen kann, wenn man sich einfach nur den glykämischen Index einer Speise anschaut und dann erwartet, eine Orientierung bei der Auswahl geeigneter Kohlenhydratquellen bei einer Diät zur Gewichtsreduktion zu erhalten. Demnach wäre nämlich reiner Haushaltszucker eine bessere Kohlenhydratquelle als Weißbrot. Weißbrot ist zwar per se keine optimale Kohlenhydratquelle, aber besser als reiner Haushaltszucker ist ein Brötchen allemal. Zudem fällt der glykämische Index individuell unterschiedlich aus, sodass Standartwerte alles andere als allgemeingültig zu verstehen sind. Genau das aber wird leider von vielen selbsternannten „Ernährungsgurus" suggeriert.

Ich empfehle auch hier auf den eigenen Körper zu hören. Man merkt recht schnell, bei welchen Speisen einem nach dem Essen regelrecht die Lichter ausgehen. Dieser Effekt geht oft auf eine problematische Kohlenhydratquelle im Essen zurück. Mit diesem Hinweis im Hinterkopf solltest du einfach einige Wochen deine körperliche Reaktion auf kohlenhydrathaltige Speisen beobachten und versuchen, für dich persönlich die optimalen Quellen zu finden. Es gibt zum Beispiel Situationen, in denen du eventuell sogar diesen schnellen Anstieg des Blutzuckerspiegels absichtlich provozieren möchtest. Etwa nach einer schweren Trainingseinheit, wenn es darum geht, möglichst schnell eine große Menge Nährstoffe vom Blut in die Zellen zu transportieren. Dann helfen schnelle Kohlenhydrate, den Körper zu einer Insulinreaktion zu bewegen und das Insulin wiederum wirkt wie ein „Toröffner", der die Muskelzellen für die im Blut vorhandenen Nährstoffe, wie den Zucker, aber eben auch dringend benötigte Aminosäuren zu öffnen, sodass durch das Training entstandene Schäden rasch repariert werden können.

An dieser Stelle möchte ich kurz erwähnen, dass ich persönlich bereits seit meiner Kindheit empfindlich auf Kohlenhydrate reagiere. Besonders auf Einfachzucker reagiert mein Körper mit unreiner Haut und nach kohlenhydratreichen Speisen hatte ich seit jeher mit einem starken Leistungsabfall zu kämpfen. Für mich persönlich habe ich in der sogenannten wachsartigen Maisstärke eine gute Lösung für das Kohlenhydratproblem gefunden. Diese vertrage ich hervorragend und sie hat über die gute Verträglichkeit hinaus noch einige besondere Eigenschaften, die sie zum perfekten Kohlenhydrat während eines Wettkampfs macht. Sie wird vom Körper einerseits relativ rasch aufgenommen, führt andererseits aber nicht zu den bei schnellen Kohlenhydraten typischen Blutzu-

Da der Körper versucht, diesen Verlust an Gallensäure durch Resynthese auszugleichen und dazu Cholesterin benötigt wird, verbraucht eine ballaststoffreiche Kost Cholesterin

ckerschwankungen und damit einhergehenden negativen Folgen für die körperliche Leistungsbereitschaft. Zudem hat sie einen nur sehr niedrigen Effekt auf die osmotische Dichte der Flüssigkeit, in welcher sie gelöst ist und kann damit in deutlich größerer Konzentration in der gleichen Menge an Wasser gelöst werden als etwa Fruchtzucker oder Dextrose und dies ohne die Gefahr von Durchfall. Übrigens hat wachsartige Maisstärke, wenn man mit ihr eine gesättigte wässrige Lösung herstellt, verblüffende physikalische Eigenschaften. Ich empfehle dazu mal die Begriffe „non-newtonian fluid" in eine Suchmaschine einzugeben und sich von den verblüffenden Videos faszinieren zu lassen.

Schließlich wollen wir uns die Ballaststoffe anschauen. Es handelt sich dabei meist um komplexe Kohlenhydrate, die allerdings-wie zuvor erwähnt-für den menschlichen Organismus nicht als Energiequelle verwertbar sind. Die Faserstoffe wie etwa Cellulose stellen nur einen Teil der Gruppe der Ballaststoffe dar. Ballaststoffe sind beispielsweise in weitestgehend unbehandelten naturbelassenen Lebensmitteln wie Getreide, Hülsenfrüchten und Obst zu finden. Ballaststoffe nehmen im Laufe des Verdauungsprozesses Gallensäure auf, die dadurch schließlich in der Toilette landet. Da der Körper versucht, diesen Verlust an Gallensäure durch Resynthese auszugleichen und dazu Cholesterin benötigt wird, verbraucht eine ballaststoffreiche Kost Cholesterin. Es gibt Hinweise darauf, dass dieser Umstand dafür verantwortlich ist, dass eine ballaststoffreiche Kost in verschiedenen Studien mit einen günstigen Einfluss auf das Risiko von Herz-Kreislauf-Erkrankungen in Verbindung gebracht wird. Auch das Risiko auf bestimmte Formen von Gallenstein könnten durch diesen Mechanismus gesenkt werden. Allerdings beginnt der günstige Einfluss, den Ballaststoffe auf unseren Körper haben, bereits beim Kauen im Mund. Sie wirken wie eine Art in der Nahrung eingebaute Zahnbürste, die den Mund und die Zähne beim Kauen reinigt und so Zahnsteinbildung und Karies entgegenwirken kann. Es gibt zudem Hinweise auf eine Reihe unterschiedlicher anderer positiver Effekte einer ballaststoffreichen Ernährung, sodass man davon ausgehen kann, dass diese eher Freund als Feind sind. Als gesichert kann angenommen werden, dass Ballaststoffe die Kohlenhydrataufnahme aus dem Darm verlangsamen und so zu einem gleichmäßigeren Anstieg des Blutzuckerspiegels beitragen. Diese Eigenschaft macht sie, für jemanden der abnehmen

möchte, zu einem nützlichen Bestandteil der Ernährung. Auch etwa beim Frühstück, wenn wir den Grundstein für eine gleichmäßige Energieversorgung über den gesamten Tag hinweg legen möchten, lohnt es sich besonders, ballaststoffreiche Lebensmittel, wie etwa Haferflocken, zu konsumieren. Wer mit Blähungen auf Haferflocken reagiert, kann sich durch abkochen der Flocken behelfen. Ein Zeitpunkt, an dem wir auf Ballaststoffe weitestgehend verzichten können, ist bei der ersten Mahlzeit nach dem Training, wo ein schneller Blutzuckeranstieg, wie zuvor beschrieben, durchaus gewollt ist.

Eine besonders gute Quelle für leicht verdaubares Kohlenhydrate sind Bananen. Sie enthalten eine tolle Mischung aus schnell verfügbaren Einfach- und Zweifachzuckern und langsam verwerteter Stärke. So ist eine schnelle und zugleich mittelfristig konstante Energieversorgung sichergestellt. Dazu enthalten Bananen ebenfalls Kalium, das eine wichtige Rolle im Kohlenhydratstoffwechsel spielt und die Verwertung des zugeführten Kohlehydrats optimiert.

FETTE

Fett ist nach dem Protein und den Kohlenhydraten der letzte der drei Makronährstoffe, den ich kurz einführen möchte. Fettsäuren erfüllen im Körper vielfältige Funktionen. Sie sind Energielieferant aber in Form von körpereigenem Fettgewebe zugleich auch Langzeitenergiespeicher. Sie bilden die Myelinschicht, die eine regelmäßig durch Ranviersche-Schnürringe unterbrochene Isolationschicht um die Axone vieler unserer Nerven bildet und so eine schnellere (saltatorische) Signalübertragung ermöglicht. Fettsäuren werden auch benötigt, um die fettlöslichen Vitamine A, D, E und K zu lösen und innerhalb des Körpers zu transportieren.

Heute ist allgemein bekannt, dass nicht alle Fette gleich auf unseren Körper wirken und wir zwischen gesunden und ungesunden Fetten unterscheiden müssen. Man unterscheidet gesättigte und ungesättigte, sowie mehrfach ungesättigte Fettsäuren. Generell sollte der Anteil an gesättigten Fettsäuren in der Ernährung niedrig gehalten werden. Das Verhältnis von ungesättigten und mehrfach ungesättigten Fettsäuren zu gesättigten Fettsäuren sollte zur Vorbeugung von kardiovaskulären Risikofaktoren zugunsten der erstgenannten Gruppe verschoben werden. Das gelingt ganz einfach, indem man auf Tierprodukte verzichtet und sein Fett aus pflanzlichen Quellen bezieht, da pflanzliche Fette meist reich an ungesättigten und mehrfach ungesättigten Fettsäuren sind. Pflanzliche Fette sind auch von Natur aus frei von den sogenannten trans-Fettsäuren, die zwar zu den ungesättigten Fettsäuren gehören aber einen äußerst negativen Einfluss auf den Blut-Cholesterinspiegel haben. Obwohl pflanzliche Fette von Natur aus keine trans-Fette enthalten, entstehen diese durch die industrielle Verarbeitung von Pflanzenfett etwa, wenn Pflanzenöl künstlich gehärtet wird. Vorsicht ist auch beim Braten und Frittieren von Speisen geboten, da auch hier durch die hohe Hitze trans-Fette in eigentlich von Natur aus gesunden Ölen entstehen können. Rapsöl ist bis zu hohen Temperaturen ziemlich hitzebeständig und daher gut geeignet, um beim Braten und Frittieren die Entstehung von trans-Fett zu vermeiden.

Vom Braten und Fritieren abgesehen sollten möglichst unverarbeitete, idealerweise kalt gepresste Öle, in die tägliche Ernährung eingebaut werden, wobei nicht jede pflanzliche Quelle gleich gut ist. Es gibt nämlich bestimmte Fettsäuren, die unser Körper nicht selbst synthetisieren kann. Das sind die sogenannten essentiellen Fettsäuren. Besonders interessant sind die beiden Gruppen der Omega-3 bzw. Omega-6-Fettsäuren. Das Verhältnis dieser beiden Gruppen von essentiellen Fettsäuren sollte zu Gunsten von Omega-3 verschoben werden. Insbesondere, da gerade viele pflanzliche Öle reich an Omega-6 Fettsäuren sind, lohnt es sich auch mit diesen Ölen sparsam umzugehen und Omega-3 reiche Öle als Ergänzung zu Salaten, Shakes und Smoothies zu verwenden. Oft wird Fischöl als gute Quelle für Omega-3 Fettsäuren, welche in Fischöl in einem günstigen Verhältnis enthalten sind aufgeführt. Aufgrund der potentiellen Belastung solcher Produkte mit verschiedenen Umweltgiften und aus ökologischen Beweggründen, sollte man aber lieber auf pflanzliche Alternativen, wie Leinsamen-Öl bauen. Ein Argument, das oft von Verfechtern der Ergänzung durch Fischöl verwendet wird, ist dass Fischöl reich an den Omega-3 Fettsäuren EPA (Eicosapentaensäure) und DHA (Docosahexaensäure) ist. Da die Behauptung der Industrie, gerade EPA und DHA seien besonders wichtig für die positiven gesundheitlichen Eigenschaften, die Omega-3 Fetten zugeschrieben werden, strittig ist und bis heute nicht klar nachgewiesen werden konnte, ist dieses Argument wenig stichhaltig. Wer dennoch EPA und DHA (die in den meisten pflanzlichen Quellen nicht enthalten sind) ergänzen möchte, kann auf Algenprodukte zurückgreifen. Man sollte darauf achten, dass die Algen im Bioreaktor gezüchtet werden. Ansonsten ist Leinsamenöl mit einem Omega-3 Gehalt von bis zu 70% ungeschlagen als Mittel zur Verschiebung des Omega-6/Omega-3-Verhältnisses zugunsten von Omega-3.

Da diese beiden Fettsäuren hauptsächlich in Fischöl und Mikroalgenprodukten zu finden sind, kann der Verdacht entstehen, dass ein Teil der Forschung lediglich dazu dient, eben die Vermarktung dieser Produkte zu unterstützen

Auch hier sollte man kritisch mit Studienergebnissen umgehen. Es ist auffällig, dass hauptsächlich DHA und EPA Gegenstand von Studien sind, in welchen diese Substanzen auf gesundheitsförderliche Effekte untersucht werden. Da diese beiden Fettsäuren hauptsächlich in Fischöl und Mikroalgenprodukten zu finden sind, kann der Verdacht entstehen, dass ein Teil der Forschung lediglich dazu dient, eben die Vermarktung dieser Produkte zu unterstützen. Man muss sich also einzelne Studien sehr genau anschauen und strenggenommen müsste man natürlich auch wissen, wer genau die Studien finanziert, um sich halbwegs auf die dort getroffenen Aussagen verlassen zu können. Abschließend sei noch erwähnt, dass die einzige Omega-3 Fettsäure, die wir wirklich mit der Nahrung zuführen müssen, weil unser Körper sie nicht synthetisieren kann, die Alpha-Linolensäure ist und diese wird nur von Pflanzen synthetisiert.

Besonders reich an Omega-3 Fettsäuren sind:

Quelle	Omega-3 Anteil
Leinsamen-Öl	bis ca. 71%
Chia-Öl	bis ca. 64%
Leindotter-Öl	bis ca. 38%
Perilla-Öl	bis ca. 60%

Da 1 g Fett bereits 9,3 kcal an Energie liefert, sollte man bei der Verwendung von Fetten generell maßvoll handeln.

SUPERFOODS

Als Superfoods bezeichnet man Lebensmittel mit herausragenden ernärungsphysiologischen Eigenschaften, wie etwa einen hohen Gehalt an Stoffen mit antioxidativen Eigenschaften, die helfen Zellen vor freien Radikalen zu schützen und so die Zellalterung verlangsamen und die körpereigene Abwehr stärken. Dabei ist zu beachten, dass wie es der Begriff Sooperfoods schon vermuten lässt, diese Lebensmittel oft auf teilweise unsinnige und übertriebene Art und Weise von der Industrie angepriesen und gehyped werden. Die Natur bietet uns eine riesige Palette von Lebensmitteln mit vielfältigen gesundheitsfördernden Eigenschaften. Aber wenn euch mal wieder jemand in einem Artikel oder gar einem Werbebeitrag etwas als den heiligen Gral der Ernährung, Gesundheit und ewiger Jugend anpreist-BITTE seid skeptisch!

ZU SINN UND UNSINN DER „SUPERFRÜCHTCHEN" NICHTS ERSETZT DIE FRUCHT!

Die Supplementindustrie verdient Miliarden damit Plastikdöschen zu verkaufen. Diese Döschen sollen uns angeblich mit den gleichen gesundheitsfördernden Wirkstoffen versorgen, die die Natur uns z.B. in Form von Früchten zur Verfügung stellt. Leider konnte schon in etlichen Fällen gezeigt werden, dass diese Mittelchen oft nicht das enthalten, was auf der Dose steht. Wenn ihr die Eigenschaften eines Granatapfels in den Dienst eurer Gesundheit stellen wollt, dann esst einen Granatapfel. Nein! Kein Granatapfelsaft! Leider gibt es genug Beispiele dafür, dass sogar bei Säften mit 100% Fruchtanteil nicht das drin ist, was auf der Verpackung steht.

Wenn ihr also sicher sein wollt, dass ihr Granatapfel zu euch nehmt, dann kauft diesen als Frucht und nutzt ihn etwa als Bestandteil eines Smoothies. Außerdem enthalten ganze Früchte Ballaststoffe, die selbst wertvolle Eigenschaften aufweisen und zudem die Aufnahme des Zuckers aus den Früchten verlangsamen.

Die Suche nach dem Zaubermittelchen geht weiter! Die Vorstellung, dass es bestimmte seltene oder womöglich geheime Mittel gibt, die uns heilen, unsere Leistung steigern, uns ewig jung halten oder sogar unser Sexualleben beeinflussen, scheint auf sehr viele Menschen sehr anziehend zu wirken. Die gute Nachricht ist, es gibt diese Wirkstoffe. Die Kehrseite dieser Medaille ist aber, dass uns diese Dinge dann besonders interessieren, wenn sie zum einen neu und zum anderen noch nicht sehr bekannt sind und damit einen gewissen „Insiderflair" besitzen. So ist ein ganzer Industriezweig mittlerweile auf der ständigen Suche nach der nächsten Luxusbohne, Superfrucht oder Zauberbeere, die sie dann einer gutbetuchten Klientel anbieten kann, die immer auf der Suche nach dem neusten Schrei in Sachen Gesundheits-Hokuspokus ist. Da nach einigen Jahren auch der tollste Superfood-Kassenschlager dieser Klientel langweilig wird, gibt es in regelmäßigen Abständen neue Entdeckungen. Leider führt aber der ständige Hunger auf die neusten Superfrüchte auch zu unschönen Entwicklungen, wie der Tatsache, dass der Quinoa-Hype der letzten Jahre und das damit einhergehende gute Geschäft mit dem Pseudogetreide in seinem Ursprungsland Bolivien eine Verschiebung hin zu immer mehr Quinoaproduktion in einem empfindlichen Ökosystem führt, dessen Folgen nicht absehbar sind.

DER PREIS IST HEISS!

Ein weiterer relevanter Aspekt vieler besonders gehypter Superfoods ist ihr hoher Preis. Ein hoher Preis wäre natürlich für jemanden der es sich leisten kann kein Hinderungsgrund sich die neusten „Alleskönner-Lebensmittel" zu besorgen. Aber was, wenn es wesentlich bessere Alternativen gibt, die einen Bruchteil kosten. Hier ein Beispiel. Die Acai-Beere wird schon seit einigen Jahren als Lieferant für Antioxidantien und als Schlankheitsmittel gehyped. Zunächst einmal handelt es sich bei Acai eigentlich nicht um Beeren sondern um die Früchte einer südamerikanischen Palmenart. Von allen ihr nachgesagten Eigenschaften ist bisher lediglich der Gehalt an Antioxidantien belegt, dieser ist allerdings auch nicht bedeutend höher als in vielen anderen Früchten. Ein wirkliches Problem besteht aber darin, dass die Früchte sehr schnell verderben und daher in

Deutschland in frischer Form gar nicht zu erwerben sind. Es gibt etliche Acai-Pülverchen, Säfte und Pillen, bei denen aber nicht klar ist, ob und wie viel Acai sie überhaupt enthalten. Dazu kommt, dass die Produkte nicht gerade billig sind. Wenn das nicht gereicht hat, um euch zu überzeugen dass das Superfood Acai nicht so super ist, wie es euch die Hersteller der entsprechenden Präparate weiß machen wollen, dann kommt hier der Todesstoß für die Beere, die gar keine Beere ist. Es gibt nämlich etwas, das hier in Deutschland wächst und in Sachen Antioxidantien (das einzige was bei Acai nachgewiesen ist) Acai haushoch überlegen ist. Dieses mysteriöse Superlebensmittel ist spottbillig in fast jedem Lebensmittelladen zu bekommen und nennt sich Rotkohl. Guten Appetit!

Es geht mir hier keineswegs darum, das Konzept Superfoods schlecht zu machen. Im Gegenteil, ich würde jedem ans Herz legen sich mehr mit Ernährung auseinanderzusetzen und herauszufinden, auf welch vielfältige Art lebendige Nahrungsmittel unserem Körper Gutes tun. Ich möchte nur vor denen warnen, die euch ständig neue sensationelle Kostbarkeiten andrehen wollen, die am Arsch der Welt wachsen und ein halbes Vermögen kosten. Wenn ihr euch was Gutes tun wollt und etwas Geld dafür investieren möchtet, dann legt euch einen Garten zu und schaut euren eigenen Superfoods beim Wachsen zu! Ihr müsst nicht immer in den teuren Bioladen gehen, um biologisch angebautes Obst und Gemüse zu bekommen. Der regionale Markt bietet meist tolle Möglichkeiten günstig an Produkte von hervorragender Qualität zu kommen, die teilweise von Kleinbauern stammen, die sich zwar das Biolable nicht leisten können aber dennoch biologisch und ohne Chemikalieneinsatz anbauen. So unterstützt ihr noch ganz nebenbei eure Region.

DAS VEGAN-BADASS-GEWÜRZ

Aber ganz ohne meinen ganz persönlichen „Geheimtipp" bzw. meine Lieblingszauberpflanze möchte ich euch hier auch nicht davonkommen lassen. Es geht um ein Gewürz, das ich seit meiner Kindheit regelmäßig mit den persischen Gerichten meiner Mutter zu mir genommen habe und das zufälligerweise erst in jüngerer Zeit im Rahmen einer Studie für Aufsehen gesorgt hat. Die Ergebnisse dieser Studie legen nahe, dass Inhaltsstoffe dieser Gewürzpflanze eine signifikant positive Wirkung auf unsere Muskelkraft haben könnten. Ich rede von Bockshornklee. Bockshornklee erlangte in Deutschland traurige Berühmtheit durch den EHEK-Ausbruch in 2011, der schließlich auf kontaminierte Bockshornklee- Sprossen zurückgeführt

werden konnte. Die Pflanze, die zu den Hülsenfrüchtlern zählt, wird im Orient sowohl frisch verzehrt als auch getrocknet in Kräutermischungen oder etwa als Bestandteil von Curry eingesetzt. In der Naturheilkunde wird Bockshornklee, das in der Literatur meist unter seiner englischen Bezeichnung Fenugreek zu finden ist, vielfältige gesundheitsfördernde Eigenschaften nachgesagt. In verschiedenen Studien konnte gezeigt werden, dass es antioxidative und entzündungshemmende Eigenschaften besitzt und es scheint sogar hemmend auf das Wachstum von Krebszellen zu wirken. Aber jetzt kommt das Beste! Fenugreek ist spottbillig zum Beispiel als Samen zu bekommen, sodass ihr euch entweder eure eigenen Pflanzen ziehen könnt oder einfach nur die gesprossenen Samen in Salaten verwenden oder, wenn das zu viel Arbeit ist, einfach das getrocknete Kraut in eure Smoothies geben. Ihr findet Fenugreek aber auch im Rezeptteil als Zutat bei den gefüllten Paprika und dem persischen Gericht Ghormesabsi. Eine Warnung vorab für alle die, die noch keine Erfahrung mit Bockshornklee haben. Schon nach dem einmaligen Genuss von bockshornkleehaltigen Speisen, verändert sich der Geruch von Schweiß und Urin in eine süßliche-würzige Richtung. Das ist zwar nicht unbedingt sehr angenehm, dafür aber auch die einzige bekannte Nebenwirkung von Bockshornklee.

GEFRORENE FRÜCHTE

Noch ein Nachtrag zur Verarbeitung von Früchten. Während bei der Erwärmung von Früchten oder bei der Gewinnung von Saft immer ein Teil der wertvollen Inhaltsstoffe von Obst und Gemüse verloren geht, ist das beim Einfrieren nicht der Fall. Nahezu alle pflanzlichen Wirkstoffe überleben das Einfrieren unbeschadet. Daher sind gefrorene Früchte und Beeren eine tolle Möglichkeit das ganze Jahr über an natürliche Nähr- und Heilstoffe zu kommen. Ich nutze gefrorene Beeren um meine Smoothies in leckere Frozen-Smoothies zu verwandeln. Meine gesamte Gefriertruhe ist mit eingefrorenem Obst aus meinem eigenen Garten gefüllt, dass ich über den Herbst und Winter nach und nach ebenfalls in Form von Smoothies verarbeite.

NAANTALI

Die Powerlifting-Europameisterschaft der GPA 2012 in Finnland war mein erster internationaler Sieg, seit ich vegan geworden war und er war ziemlich hart erkämpft. Ich zog mir einen Tag vor dem Wettkampf eine Lebensmittelvergiftung zu, weil ich mehrere Liter gechlortes Leitungswasser trank und konnte mich nach einer sehr harten Nacht, in deren Verlauf ich etwa vier Kilogramm Gewicht verlor, am Morgen des Wettkampfs kaum noch auf den Beinen halten. Dazu kam, dass ich und mein Kumpel Pierre, der mich begleitete, die Nacht in einer Waldhütte ohne Zugang zu fließendem Wasser verbringen mussten und ich dadurch keine Chance hatte, zu duschen. Als ich am Wettkampfort

ankam, sah ich aus wie ein Zombie. Glücklicherweise tauchte Tukka, ein veganer Freund mit einigen Kumpels auf, um mich zu unterstützen. Nach einigen Proteinriegeln und einer Dosis Magentropfen konnte ich irgendwann wieder halbwegs geradeaus laufen und schaffte es nach einer eiskalten Dusche, die meine Lebensgeister wieder aus ihrem Schlummer weckte, zwar weit unter meinem eigenen Standard, aber immer noch ausreichend für die Konkurrenz, den Wettkampf für mich zu entscheiden. Ein halbes Jahr nach meinem Schritt zum Veganismus wurde ich Europameister im RAW-Powerlifting und brach dabei sogar zwei Europäische Rekorde und einen Weltrekord des Verbands.

KATY ERZÄHLT
Mein Weg ins vegane Leben

Ich habe Sie geliebt. Diese knusprigen zarten Dinger aus allerlei Hähnchenabfällen mit Panade. Und so schnell zuzubereiten. Einfach in den Backofen und fertig. So viel Protein und B12 und alles, was eine junge Frau so braucht. Dachte ich. Liebe Muttis, liebe Gesellschaft, danke, für all eure gutgemeinten Tipps zur Ernährung und wie wir uns und unser Nervenkostüm frisch, lebendig und gesund halten. All die Jahre habe ich Lebewesen in mich hineingestopft, die genau wie Du und ich jetzt, geatmet, gefühlt, geliebt und gelebt haben.

Es ist so einfach… man geht in den Supermarkt und wird von toller Werbung, bunten Verpackungen und lecker eingefärbtem und konserviertem Fleisch bombardiert. „Heute im Angebot: Lecker Hackfleisch für nur 0,99€ das Kilo und Teewurst aus allerlei Abfällen und Geschmackszusätzen- nimm doch gleich 10- für dich und deine Familie… gutes vom Land und glücklichen Kühen und Schweinen! Achja, und Gesichtswurst haben wir auch noch im Angebot… für die kleinsten unter euch Feinschmeckern. Für alle ist etwas dabei!

Wenn man sich aber mal überlegt, woher diese leckere Wurst kommt, die ihr euch jeden Tag auf euer Pausenbrot legt und mit Gürkchen verziert und die leckere Currywurst von Kalle's Frittenbude nebenan… Sie wird geschrien und gelitten haben und das schon bevor ihr die Kehle zum Ausbluten aufgeschlitzt wurde. Sie hat nicht so fröhlich geschaut wie die Bärchen-Gesichtswurst, die eure Kleinen so schätzen. Sie hat in Käfigen mit anderen zusammen vegetiert und sich vielleicht auch mit Krankheiten anderer angesteckt, die natürlich sofort mit allerlei chemischen Keulen vorgebeugt oder bekämpft wurden. Davon bekommt ihr sogar auch was ab, steht aber nicht auf der bunten Verpackung mit dem lachenden Ferkel.

DER VEGANER

Als Veganer ist man in unserer Gesellschaft leider bis heute immer noch sowas wie ein Außerirdischer. Man hat genaue Vorstellungen von so einem Veganer: blass, kränklich aussehend, gebrechlich, unter-und mangelernährt, mies gelaunt und nervlich am Kollabieren und er hat immer irgendein Gemüse in der Hand und eine Sturmhaube in seiner Biobaumwoll- Umhängetasche. Schuhe tragen die auch alle nicht. Weil die ja kein Leder tragen dürfen. Die Armen!

Es gibt einen Menschen, der weiß, dass ich ebenfalls all das vor meinem Wandel gedacht habe. An dem Tag seiner Botschaftsüberbringung, nun vegan leben zu wollen, schaute ich schon mal nach einer geeigneten Wohnung, in die ich einziehen könnte, weil es ja bestimmt schwierig werden würde, als getrenntes Paar und dann auch noch mit unterschiedlichem Essverhalten auf engstem Raum miteinander zurecht zu kommen.

„Du hast sie ja nicht alle… und dann jagst du demnächst auch noch irgendwelche Fleischereien in die Luft, du Extremist!"

Weil ich aber kein Unmensch bin, kochte ich ihm also ab diesem Tag viel Gemüse und so'n Zeug und alles, was ich mir so vorstellen konnte, was man als Veganer essen würde. Das konnte ich dann alleine essen. Ich machte mich also schlau, was es so gibt für Veganer und wie man veganesisch kochen könnte. Eiweiß muss ja auch noch drin sein. Du grüne Neune! „Du wirst zusammenfallen und du wirst bald aussehen wie eine runzlige Orange, ausgelutscht und kraftlos- dann kannst du das mit dem Sport vergessen, aber ist ja dein Ding!" Nagut, schauen wir mal, was ich finde, dachte ich.Ein paar Tage später kam ich schnaufend mit mehr Einkaufstüten nach Hause, als üblich und mit vielen Ideen und Infos zu Nährwertangaben, die ich noch im Supermarkt studiert hatte. Eine Liste mit E-Stoffen führte ich auch mit mir. Diese hatte ich mir zuvor im Internet besorgt und auch andere wichtige Informationen hatte ich mir übersichtlich zusammengetragen, ausgedruckt und in eine Klarsichtfolie gesteckt.

Die Gesichter der anderen Leute im Supermarkt hättet ihr mal sehen sollen. Als wäre ich eine Außerirdische. Ich verbrachte dieses Mal viel Zeit vor den Regalen und las mir jede Zutatenliste der Dinge, die ich kaufte, genau durch. Und auch die Frau beim Bäcker wusste gar nichts mit meiner Frage, ob sie veganes Brot hätten, anzufangen.

Nach einer Odyssee mit allerlei Merkzettelchen zu Inhaltsstoffen, hat sich unser Leben zu einem besseren entwickelt, einem Leben mit neuen Erfahrungen, einem neuen Körpergefühl und einem besseren Gewissen. Die Merkzettelchen brauche ich nun auch nicht mehr.

Erst wenn man sich mit all dem beschäftigt hat, merkt man, wie einen die Lebensmittelindustrie für dumm verkauft und in viel zu viele Lebensmittel tierische Inhaltsstoffe mischt. Alles ist mit verschiedenen E- Stoffen und Begriffen, die man sonst nie hört, verschlüsselt. Es ist ein schönes Gefühl zu wissen, was man isst oder was man eben nicht isst.

Seit ich mich mit dem Thema Veganismus auseinander gesetzt habe, hat sich mein Blick auf andere Menschen und mich selbst sehr verändert. Ich bin aufmerksamer geworden und gehe achtsamer mit mir selbst und anderen Menschen und Tieren um.

Ich kann mich sehr gut erinnern, wie ich mich zunächst

auch gegen eine auf Pflanzen basierende Ernährung geäußert habe und wie unglaublich ich es fand, dass Patrik „so" leben wollte. Ich sagte ihm auch, dass ich ein Genussmensch bin und auf keinen Fall ohne all die leckeren Dinge leben möchte, die ich jeden Tag zu mir nahm. Essen ist für mich unglaublich wichtig. Oft habe ich gar keinen so großen Hunger, aber auf einen schönen sahnigen Joghurt mit einer extra großen Portion Gummibärchen und einem Stückchen Schokolade hinterher wollte ich garantiert nicht verzichten. Wenn

ich damals bloß schon gewusst hätte, dass ich das heute auch nicht muss…

Meine Entscheidung für ein veganes Leben ist natürlich ganz klar auch durch die meines „Dicken" entstanden. Das kann man sich unschwer selbst erklären. Er hat mich aber nie zu einer Entscheidung gedrängt. Ich habe anfangs ziemlich blockiert, als er mit Argumenten für seinen neuen Lebensstil um die Ecke kam. Das war zu viel für mich auf einmal. Ich entgegnete, es sei mir egal, was er sagt und dass er das „Ding" mal schön allein durchziehen kann. Ich würde ihm helfen und für ihn kochen, wie ich das ja auch schon die ganze Zeit tat. Und ich sagte auch noch ganz siegessicher und mit einem dicken Grinsen auf dem Gesicht, dass ich mir sicher sei, dass er ganz schnell wieder anfangen würde, Milchprodukte zu sich zu nehmen. Ich hatte ja gar keine Ahnung. Ich kochte viel von dem veganen Zeug und er wurde weder schmächtiger noch schwacher und hatte plötzlich viel mehr Puste, wenn er meine Einkaufstüten von unten in den 4. Stock schleppte. Ich war beeindruckt, das muss ich schon zugeben.

Bei all den zahlreichen Interviews von Patrik mit verschiedenen Fernseh- und Radiosendern, die ich hautnah miterlebt habe, haben sich die Argumente, die er für den Veganismus brachte natürlich noch einmal mehr in mein Gehirn gebrannt. Recht hat er, dachte ich. Die Nuggets, die ich jeden Abend aß, schmeckten mit einmal nicht mehr so gut. Der Gang zum Fleischer war mit so einem beißenden Gefühl in Kopf und Bauch verbunden und die Milch, die ich jeden Morgen mit meinem Knusperschokomüsli verzehrte, brachte mich zum Würgen. Letzteres konnte ich Dank des Knuspergeräuschs der Flakes aber ab und an noch Verdrängen.

Ich hatte schon öfter mit Übersäuerung und Magenproblemen zu kämpfen und unterhielt mich mit Patrik darüber und er sagte mir, dass es vielleicht mit den Milchprodukten zusammenhängen könnte. Dann probierte ich eine Weile, ohne Milchprodukte auszukommen und bemerkte eine stetige Besserung meiner Beschwerden. Aber so ganz ohne lecker frischen, gekühlten Joghurt und Eis und die Milch in meinem Kaffee wollte ich nicht leben. Angst hatte ich, meinen kalten Knusperjoghurt und mein leckeres Schokoeis mit Schokosplittern einfach wegzulassen. Dass es viele leckere und gesunde Alternativen zu all den Milchprodukten gibt, wusste ich natürlich zu dem Zeitpunkt noch nicht. Ich fühlte auf einmal eine tiefe Traurigkeit, in etwa so, wie als mir meine Mama früher meinen Brummkreisel wegnahm, nachdem ich ihn ihr gegen den Kopf gehauen hatte.
Ich schaute also nach Alternativen zu den tierischen

Produkten und fand eine doch erstaunlich große Auswahl an Produkten, die mir zuvor nie aufgefallen waren. Es gab alles, was es auch in „normal" gab: Sahne, Milch, Joghurt, Sahne für Soßen, Käse und sogar Pudding, Kekse, Fruchtjoghurt und so weiter und so weiter…

Ich brauchte eine ganze Zeit, um all die neuen Informationen zum Thema Veganismus und Tierschutz zu verarbeiten. Das war zu viel für mich und mein Gewissen. Ich fühlte mich irgendwie ertappt und schämte mich. Dann kam das Ekelgefühl- für die Dinge, die ich bis dahin jeden Tag aß und auch mir gegenüber, dass ich sie überhaupt aß.

Mit diesen Gefühlen konnte ich von diesem Zeitpunkt an nicht mehr leben. Ich habe erfahren, dass ich auf absolut NICHTS verzichten muss, wenn ich mich fair und gesund ernähre. Tatsächlich hat mir diese Art von Ernährung sogar auch noch viel mehr eröffnet, als gedacht. Ich habe so viele neue Dinge kennengelernt und ausprobiert, habe erlebt, wie mein Körper darauf reagiert und gehe mit einem ruhigeren Gewissen und einem erleichterten Gefühl durchs Leben.

Ich kann mich noch genau an den Abend mit meinem Schlüsselerlebnis erinnern. Ich saß in der Küche mit einem großen Becher Sojajoghurt und einem Liter Sojamilch. Gut ging es mir dabei nicht. Ich rümpfte die Nase, war dann aber tapfer und leckte an der Spitze des Löffelchens, die ich in den Sojajoghurt getunkt hatte. Stellt euch die schlimmste Stelle in einem Horrorfilm vor, die Stelle, an der die Musik immer schriller wird und man schon den Schatten des Monsters im Flackern der Kerzen auf dem dunklen Gang eines Geisterschlosses erkennen kann und darauf wartet, gleich jämmerlich hingerichtet zu werden. Angstschweiß auf der Stirn, das Leben zieht an einem vorbei… In Gedanke der letzte Biss in meine Tafel Vollmilchschokolade…

Stellt euch vor, dass anstelle des Monstern einer win-

kender Winnie Puh um die Ecke kommt. Geil! dachte ich. Weg mit all dem tierischen Kram! Das hier ist der Hammer! Es hat unheimlich lecker geschmeckt, sahnig und frisch und auch gar nicht nach Gras.

Nun ist es nicht so, dass man sich plötzlich als den ethisch perfekten Übermenschen wahrnimmt und meint, man würde alles richtig machen. Nein, es gibt natürlich noch viel mehr, was man gut oder weniger gut machen kann in seinem täglichen Leben. Aber man fühlt sich als ein „neuer" Mensch, der plötzlich einen ganz anderen Blick auf sich selbst und seine Umwelt hat. Ich empfinde die Entscheidung für ein veganes Leben als einen ganz großen Schritt in die „richtige Richtung" hin zu einem harmonischeren Leben mit der Natur, den Tieren und meinen Mitmenschen.

WARSCHAU

Der Veganismus ist in Polen noch ziemlich in den Kinderschuhen. Nichtsdestotrotz gibt es dort einen harten Kern von unglaublich enthusiastischen Aktivisten, die hervorragende Arbeit leisten. Als ich zum ersten Mal nach Polen reiste, wusste ich kaum was mich erwartet. Marta, Emil und Mikołaj, mit denen ich mitlerweile sehr gut befreundet bin, hatten aber einen derartig vollgepackten Tagesplan für mich erarbeitet, dass ich am Abend nach dreizehn Interviews, mehreren Videodrehs und einer Gala, nicht mehr so recht wusste, wo mir der Kopf steht. Als ich gerade live in einem Radiostudio interviewt wurde, lief auf dem Studio-Fernseher das aktuelle TV-Programm, wo gerade der ehemalige fünfache stärkste Mann der Welt Mariusz P. in einem

Beitrag über mich befragt wurde. Er gab an, dass er mich für einen Schwindel halte und man mir erst mal 200 kg Eisen hinstellen solle, damit ich zeige was ich kann. Mit einer rein pflanzlichen Ernährung wäre es unmöglich, im Strongman auf internationalem Niveau mitzuhalten. Wenige Monate später brach ich mit 555 kg den Weltrekord im Yoke-Walk und dachte dabei an Mariusz und all die Millionen anderen ahnungslosen, die denken, ihrem Körper mit ihrem übermäßigen Fleischkonsum etwas Gutes zu tun und dabei nicht nur sich selbst, sondern auch der Umwelt, unzähligen unschuldigen Tieren und denjenigen auf der Welt, denen es an den nötigsten Dingen mangelt, massiv schaden. Hier war meine 555 kg schwere Antwort auf Ignoranz und Selbstgefälligkeit der Mehrheitsmeinung.

FEEDING THE VEGAN BADASS

WAS DER STÄRKSTE VEGANER DER WELT AM LIEBSTEN ISST

Vor ein paar Wochen- auf einem veganen Festival in Berlin- habe ich für Patrik an einem veganen Eisstand angestanden. Er hatte mich gebeten, 8 Kugeln Schokoeis zu besorgen. Hinter mir stand ein Pärchen, dass sich über Patrik unterhielt. Ich spitzte meine Ohren und hörte genau zu, was sie sich so zu erzählen hatten. Ein Grinsen konnte ich mir gerade so verkneifen. Sie fragte ihn: „Was meinst du, was der so isst? Das muss ja unheimlich viel sein!" Ratlose Gesichter nahm ich aus dem Augenwinkel wahr.

Ich war an der Reihe und bestellte acht Kugeln Schokoeis in einem Becher. Ich drehte mich um, um die Reihe zu verlassen und sagte zu den beiden: „Zum Beispiel viel Eis und so was… ich bin seine Frau… der Dicke gehört zu mir…". Sie begannen lautstark zu lachen.

Tatsächlich ist es so, dass Patrik meistens genau so viel an fester Nahrung zu sich nimmt, wie ich (es sei denn, es schmeckt ihm einfach wieder mal zu gut.) Die meisten Kalorien nimmt er tatsächlich in Form von Shakes, Pudding oder Eis zu sich. Spekulatius isst er auch sehr gern, die haben es auch ganz gut in sich.

Ich möchte euch ein paar einfache Rezepte präsentieren, die ihr leicht nachkochen könnt und das Geheimnis um den Mann mit dem dicken Bauch und den noch dickeren Muskeln zu lüften.

Vergessen darf man bei der ganzen Sache auf keinen Fall, dass seine liebe Mama Zaghgosh ihn sein Leben lang immer gut mit allerlei gesunden und proteinreichem pflanzlichem Essen gefüttert hat. Ohne sie wäre es für Patrik wohl schwer möglich gewesen, sich körperlich so gut zu entwickeln. Ein großes Dankeschön gilt ihr an dieser Stelle! Im Folgenden findet ihr auch ein paar persische Gerichte von ihr, die man ebenfalls ganz leicht nachkochen kann. Ein wahres bombastisches Geschmackserlebnis!

Wir präsentieren euch insgesamt 26 ganz einfache vegane Rezepte, die teilweise auch sehr schnell nachzukochen sind und wenig Aufwand machen, sechs Smoothies und Shakes, die ihr für „Zwischendurch" nutzen könnt und Rezepte zu Schokoladenpudding und verschiedenen Kuchen. Weitere Infos zu den Rezepten, wie Nährwertangben, findet ihr unter veganganzanders.de .

Viel Freude beim Nachkochen und guten Appetit wünschen

Fruity Suzy und Mama Zaghgosh

FRUITY SUZY
In den letzten Jahren habe ich Burlesque für mich entdeckt und brenne für diese künstlerische Ausdrucksform. Ich habe unheimlichen Spaß daran, mich zu verwandeln, in verschiedene Rollen zu schlüpfen. Man kann mit dieser Kunstform so viel kommunizieren, sonst versteckte Seiten der eigenen Persönlichkeit und verschiedene Themen auf eine ganz andere Art und Weise angehen, als man es im wirklichen Leben könnte. Burlesque ist für mich ein Stückchen Freiheit, eine künstlerische Ausdrucksform, die Theater, Witz, Tanz und sinnliche Verführung in sich vereint. Ich verzichte als Tänzerin auf die im Burlesque typischen Accessoires wie Federboas, Seide, Leder und Fell und möchte damit ein Statement setzen. Auch thematisiere ich unter anderem auf witzige und verspielte Art und Weise den Veganismus, wenn auch nicht zu penetrant und offensichtlich. Ich versuche, Menschen mit kleinen Botschaften zu einem anderen Denken zu inspirieren.

Eure Fruity Suzy

SCHNELLES

& DEFTIGES

KNUSPERTOFU SÜSSSAUER

ZUBEREITUNG:

Vorbereitungszeit: ca. 10 min
Zeitaufwand insgesamt: ca. 40 min

01 Safran in eine Tasse mit Wasser (ca. 50 ml) geben und abgedeckt über Nacht stehen lassen, sodass der ganze Farbstoff an das Wasser abgegeben wird.

02 Basmatireis in einem Sieb und unter fließendem Wasser abwaschen.

03 Basmatireis in einen großen Topf geben und mit Wasser auffüllen, bis das Wasser ca. 2 cm über dem Reis steht.

04 Auf höchster Stufe kochen und oft umrühren.

05 Wenn das Wasser oberflächlich verkocht ist (nach ca. 10 min der Fall) nochmals umrühren und 1 Schuss Öl und Salz nach Geschmack hinzufügen.

06 Deckel draufsetzen- dabei ein doppelt gelegtes Stück Küchenrolle zwischen Topf und Deckel legen, damit überschüssiges Wasser aufgesaugt werden kann.

07 Ab und zu gucken, ob anfangs genügend Wasser hinzugefügt wurde (ansonsten brennt der Reis an). Bei Bedarf also ein ganz kleines bisschen Wasser aufgießen.

08 Den Reis für weitere 20 min auf niedrigster Stufe garen.

09 Ein paar Minuten bevor der Reis serviert wird, das durch den Safran gefärbte Wasser zum Reis geben (nach und nach- nicht gleich alles und nach gewünschter Intensität).

10 Die Soße aus dem Glas in einen kleinen Topf geben und erwärmen.

11 Nach Wunsch fertig gegartes Gemüse zur Soße hinzufügen. Ananas füge ich immer erst kurz vor dem Essen hinzu. Diese schmeckt ungegart am besten.

12 Tofu in dünne Scheiben schneiden und im Paniermehl wälzen- das Paniermehl klebt ohne weitere Hilfsmittel am Tofu.

13 Tofu unter Zugabe von Öl in eine Pfanne geben und auf höchster Stufe von beiden Seiten „anknuspern".

14 Mit Pfeffer, Curry und Salz nach Wunsch würzen.

15 Alles mit Sojasoße abschmecken.

ZUTATEN:

Für vier Personen oder zwei
Personen und einen Patrik

2 Tassen (400 g) Basmatireis
2 Gläser vegane Süß-Sauer-Soße (z.B. von World's Gourmets)
400 g Tofu (Natur)
ca. 1 EL Curry
ein bisschen Salz und Pfeffer
Sojasoße zum Nachwürzen
Paniermehl
1 Messerspitze Safran
Pflanzenöl (z.B. Rapsöl) zum Anbraten

großer Topf oder Reiskocher
Holzlöffel
1 große Pfanne
1 kleiner Topf
1 Teller für das Paniermehl
1 Sieb
Küchenrolle

Dieses Gericht ist eins unserer Lieblingsessen und auch das allererste, das bei uns auf den Tisch kam, seit wir vegan leben. Es ist so einfach und schnell zuzubereiten und ist der ultimative Gaumenschmauß.

Tipp: „ Am besten gelingt der Reis, wenn man ihn in einem Reiskocher zubereitet. Die Zubereitung ist sehr viel einfacher, als in einem normalen Topf und man muss nicht befürchten, dass der Reis anbrennt.“

KNUSPERSCHNITZEL MIT REMOULADE UND KARTOFFELBREI

ZUBEREITUNG:

Zeitaufwand insgesamt: ca. 40 min

01   Die Kartoffeln (auch mit Schale) kochen (ca. 20 min)

02   Kartoffeln abpellen

03   Kartoffeln wieder in den zuvor benutzten Topf geben und Sojamilch, Margarine und Salz hinzufügen

04   Kartoffeln stampfen und wieder auf den Herd stellen und für einige Minuten auf niedriger Stufe wieder erwärmen

05   Für die Remoulade: Sojamilch, Senf, Zitronensaft und Öl in eine Schüssel oder direkt in den Mixer geben und für ca. 1-2 Minuten auf höchster Stufe mixen, bis die Basis für die Remoulade dick genug ist

06   Die Zwiebel, den Schnittlauch und die Petersilie hacken und zu den anderen Zutaten geben

07   Knusperschnitzel in der Pfanne oder im Ofen „anknuspern"

ZUTATEN:

Für vier Personen oder zwei Personen und einen Patrik

Für den Kartoffelbrei:

1kg festkochende Kartoffeln
300 ml Sojamilch (ungesüßt)
75 g Pflanzenmargarine (z.B. Sojola)
1 TL Salz

Für die Remoulade:

300 ml Sojamilch (ungesüßt)
200 ml Rapsöl
2 EL Petersilie (gefriergetrocknet oder frisch)
2 EL Schnittlauch (gefriergetrocknet oder frisch)
3 EL mittelscharfer Senf
Saft einer halben Zitrone
¼ kleine Zwiebel gehackt

4-6 Sojaschnitzel (z.B. von GutBio) oder alternativ selbstgemachte Seitanschnitzel oder Knuspertofu

1 großer Topf,
1 Pfanne
1 Mixer oder
ein Handrührgerät

Tipp: „Man kann mit Tofu einen leckeren Ersatz für die Soja-Schnitzel herstellen, indem man einfach Tofu in Scheiben schneidet, in Paniermehl wälzt, mit Salz und Pfeffer würzt und ihn scharf anbrät. Auch sehr lecker in Kombination mit dem Rest."

ANTIPASTI - NUDELSALAT

ZUBEREITUNG:

Vorbereitungszeit: ca. 15 min
Kochzeit: ca. 20 min

01   Nudeln kochen (nicht salzen).

02   Getrocknete Tomaten (gesamter Packungsinhalt) aus der Verpackung holen und in ein Sieb legen, damit sie Öl verlieren.

03   Nach ein paar Minuten nur die Tomaten aus dem Sieb holen (meistens sind z.B. auch noch schwarze Oliven und Kräuter mit in der Packung) und in kleine Stücke schneiden, die grünen Oliven ebenfalls zerkleinern (am besten vierteln).

04   Alle Zutaten nun mit den noch warmen Nudeln vermischen.

Guten Appetit!

ZUTATEN:

Für vier Personen oder zwei Personen und einen Patrik

500 g Hartweizennudeln (Fusilli)
150 g (1 Packung) Antipasti-getrocknete Tomaten (z.B. von Casa Morando)
30 grüne Oliven (ca. 50 g)
1 Dose Champignons (keine frischen verwenden)
1 EL Sonnenblumenöl
1 EL Leinöl kaltgepresst
½ TL Salz
1 TL Tomatenwürzsalz
1 EL Kapern
1 EL Schnittlauch frisch gehackt oder gefriergetrocknet
1 EL Petersilie frisch gehackt oder gefriergetrocknet

Tipp: „Der Salat schmeckt warm oder auf Zimmertemperatur abgekühlt am besten. Einfach genial zu jedem veganen Grillfest oder als
schmackhafter Snack auf Parties."

„ Das Leinöl im Salat leistet einen guten Beitrag zur
täglichen Omega-3-Versorgung!"

HAUSMANNS - TOFU

ZUBEREITUNG:

Vorbereitungszeit: ca. 15 min
(selbstgemachte Alternative insgesamt ca. 60 min)

01   Die Kartoffelknödel in kaltem Wasser zum Kochen bringen und dann auf niedriger Stufe ca. 15 min köcheln lassen, bis sie gar sind.

02   Tofu mit Pfeffer, Salz und Zwiebelpulver oder getrockneten Zwiebelwürfeln würzen und auf höchster Stufe knusprig von beiden Seiten anbraten.

03   Soßenpulver anrühren und aufkochen oder meine selbstgemachte Bratensoße zubereiten (siehe Kapitel: „Do it yourself!").

04   Zwiebeln in Ringe schneiden und anbraten und zum Schluss auf den knusprigen Tofu geben- der Hammer!

ZUTATEN:

Für vier Personen oder zwei
Personen und einen Patrik

1 Packung vegane Kartoffelknödel (in Beutelchen!) oder meine selbstgemachte Alternative
1 Packung Tofu (400 g)
Sauerkraut aus der Dose oder auch Rotkohl aus dem Glas
Eine vegane Fertigbratensoße oder meine selbstgemachte Alternative
2 Zwiebeln
Pflanzenöl (am besten Rapsöl)
Pfeffer, Salz, Zwiebelpulver nach Belieben

Tipp: „Genaue Angaben zu den Gewürzen kann man in diesem Fall nicht machen. Ich streue immer so viel Pfeffer, Salz und Zwiebelpulver über die Tofuscheiben, bis sie alles flächendeckend etwas abbekommen haben. Aber immer nur eine Seite würzen, da die Scheiben beim Wenden noch genug Gewürze abbekommen. Mit Salz muss vorsichtig umgegangen werden. Die Soße ist sehr würzig und salzhaltig!"

BROTTASCHEN A LA MEXICO

ZUBEREITUNG:

Vorbereitungszeit Füllung: 15 min,
Pita-Taschen-Ersatz selbstgemacht: 30 min, 1 Stunde Ruhezeit

Zubereitung Füllung:

01   Das Soja- Gehackte zerbröseln und in einen Topf geben. Alle Zutaten, die zerkleinert werden müssen, schneiden.

02   Alle anderen Zutaten hinzufügen und auf mittlerer Stufe für ca. 15 min vor sich hin köcheln lassen. Ab und zu Umrühren!

       Fertig ist die Füllung!

Zubereitung Brottaschen:

01   Alle Zutaten vermengen und zu einem homogenen Teig kneten.

02   Den Teig für 1 Stunde, mit einem Tuch bedeckt, gehen lassen.

03   Den Teig zu einer Rolle formen. (ca. 3 cm Durchmesser)

04   Die Rolle in dünne Scheiben schneiden (ca. 1 cm dick).

05   Die Scheiben dann zu kleinen Kügelchen rollen und ausrollen.

06   Den Teig weitere 20 min gehen lassen.

07   Backofen auf 200°C (Umluft) vorheizen.

08   Den Teig in ovale Scheiben ausrollen.

09   Auf einem mit Backpapier ausgelegten Blech für ca. 10 min bei 200 °C (Umluft) backen.

10   Brottaschen ein bisschen abkühlen lassen und zur Hälfte aufschneiden und mutig mit der scharfen Füllung füllen.

ZUTATEN:

Für vier Personen oder zwei
Personen und einen Patrik

Füllung:

¾ Tube Tomatenmark
1 EL Kräutermeersalz
1 Packung Soja-Gehacktes(vor-frittiert)
1 Block Tofu (250 g)
1 große Zwiebel
2 Fleischtomaten (500g)
1 EL Curry
1 EL geschrotetes Chili
½ EL Harissa Paste
½ grüne Paprika
½ rote Paprika
1 Dose Kidneybohnen
2 Piri-Piri-Schoten aus dem Glas (rot,scharf)

Brottaschen:

600 g Mehl
400 ml lauwarmes Wasser
1 Päckchen Trockenbackhefe
1 TL Salz
4 EL Olivenöl

1 Topf
1 Schüssel
1 geriffeltes Messer
1 Holzlöffel
1 Küchentuch
1 Nudelholz

PATRIKS PROTEIN - PIZZA

ZUBEREITUNG:

Zeitaufwand: 25 min (Variante mit fertigen Zutaten wie z.B. Pizzasoße)
Backzeit: 30 min

01   Backofen auf 175°C Umluft vorheizen.

02   Zunächst (unbedingt!) das Mehl mit dem Seitanfix vermengen und dann mit den anderen Zutaten zu einer homogenen Masse zusammenbringen.

03   Den Teig auf einem mit Backpapier ausgelegten Backblech „zurechtkneten", bis er überall gleichmäßig verteilt ist.

04   Den Teig mit einer Gabel überall ein bisschen „einpieksen", besonders am Rand.

05   Pizzasoße auf dem Teig verteilen und nach Geschmack mit Oregano be streuen.

06   Zutaten schnippeln (Tomaten, Oliven, Pilze und Pfefferonen in dünne Schei ben) und auf dem Teig verteilen.

07   Die Pizza bei 175°C Umluft und auf mittlerer Stufe ca. 30 min lang backen.

Guten Appetit!

ZUTATEN:

Für vier Personen oder zwei Personen und einen Patrik

Für den Pizzaboden:

500 g Weizenmehl
150 g Seitan-Fix
1x Trockenbackhefe
100 ml Öl
1 Prise Salz
300 ml lauwarmes Wasser

Der Belag:

2 große Tomaten (oder ca. 250 g)
25 grüne Oliven mit Paprikafül-
lung (oder ca. 100 g)
7 Pfefferonen (oder ca. 60 g)
150 g Wilhelmsburger Hefeschmelz
6 Scheiben veganer Aufschnitt
(z.B. rustikaler Aufschnitt von
Hobelz)
250 g frische Champignons
(oder auch aus der Dose)
1 EL Oregano
1 Dose pikante Pizzasoße (z.B.
Oro die Parma) oder meine
selbstgemachte Alternative (siehe
Kapitel „Do it yourself!)

Tipp: „Zunächst scheint der Pizzaboden etwas Kaugummiartiges zu haben, aber nach dem Backen schmeckt man den Seitan nicht mehr heraus und auch die Konsistenz des Bodens ist super! Schön knusprig!"

„ Man kann das Aminosäurenprofil auch prima mit ein paar Hülsenfrüchten als Extra auf dem Belag aufwerten."

SEITANSCHNITZEL MIT VITAMIN D - SOSSE

ZUBEREITUNG (SCHNITZEL):

Zeitaufwand insgesamt: ca. 1 h

01 Seitanfix und Wasser zu gleichen Teilen in einer Schüssel miteinander vermischen und gut kneten (wird am Ende ein „Riesenkaugummi")

02 2 Liter Wasser mit 1 Gemüsebrühwürfel (ca. 20 g) in einem großen Topf zum Kochen bringen

03 Den „Riesenkaugummi" auf ein Brett legen und in Scheiben schneiden. Bei mir sind es immer 5 große.

04 Die Scheiben dann in das sprudelnd kochende Wasser geben und auf niedriger Stufe und mit geschlossenem Deckel für ca. 20-30 min vor sich hin köcheln lassen.

05 Nach Ablauf der Kochzeit die gekochten Seitanstücke aus dem Wasser holen und ggf. noch einmal über einem Sieb mit einer Gabel oder mit der Hand ausdrücken.

06 Alle Seitanstücke nun in Schnitzelform bringen, d.h. so zurechtschneiden, wie ihr sie dann später essen wollt.

07 Panade: Die Sojamilch und das Mehl in einem Mixer oder einer Schüssel mit einem Schneebesen gut vermischen, bis keine Klümpchen mehr vorhanden sind. Die Masse dann auf einen Teller geben. Auf den anderen Teller streuen wir das Paniermehl. Nun die Seitanstücke in die Masse tauchen und gleichmäßig im Paniermehl wälzen, bis alles bedeckt ist.

08 Öl (am besten Rapsöl) in eine große Pfanne geben und die Schnitzel auf höchster Stufe von beiden Seiten scharf anbraten, dann auf niedriger Stufe noch ein bisschen nachgaren.

09 Jetzt erst würzen. Pfeffer und Salz (muss nicht sparsam sein) auf den Schnitzeln verteilen. Erst die eine Seite, die oben ist und wenn die untere Seite fertig gebraten ist, dann erst die untere würzen (nach dem Wenden). Nach ca. 10 min Bratzeit sollten die Schnitzel fertig sein!

Guten Appetit!

ZUTATEN:

Für vier Personen oder zwei Personen und einen Patrik

250 g Seitan- Fix
1 Gemüsebrühwürfel
Wasser für die Herstellung und zum Kochen des Seitans
1 Beutel (1 kg) Pommes
500 g frische Champignons
20 g sonnengetrocknete Austernpilze
eine vegane Bratensoße oder meine selbstgemachte Alternative (siehe Kapitel „Do it yourself.")
Etwas Petersilie für die Soße
300 ml Sojamilch (nicht gesüßt)
200 g Mehl
Paniermehl nach Bedarf
Rapsöl zum Braten
Pommeswürzsalz (oder edelsüßen Paprika und Salz gemischt)

1 Sieb
2 Teller (für Paniermehl und Mehl-Sojamilch-Gemisch)
Pfanne
1 Schüssel
1 großer Topf
1 Brett und 1 Messer

SEITANSCHNITZEL MIT VITAMIN D - SOSSE

ZUBEREITUNG SOSSE:

01   Die sonnengetrockneten Austernpilze für ca. 10- 15 min in Wasser einlegen und quellen lassen.

02   Die Champignons putzen (mit einer kleiner Bürste oder Küchenpapier) und in Scheiben schneiden.

03   Fertigsoße anrühren oder als Alternative meine Bratensoße verwenden (siehe Kapitel „Do it yourself!")

04   Die Champignons in die Soße geben und zugedeckt für 10 min auf mittlerer Stufe vor sich hin köcheln lassen.

05   Die Austernpilze in einem Sieb abtropfen lassen und zu den Champignons geben und dann auf niedrigster Stufe für ca. 10 min „mitköcheln" lassen.

06   Frisch gehackte oder getrocknete Petersilie nach Geschmack zur Soße hinzufügen.

Fertig ist die Vitamin-D-Bombe!

Tipp: „Die Schnitzel kann man sehr gut einige Tage im Kühlschrank aufbewahren und nach Bedarf im Ofen wieder „anknuspern".
„Auf jeden Fall sollte ein Öl zum Braten verwendet werden, dass hitzebeständig ist. Da wir die Schnitzel einige Zeit auf höchster Stufe scharf anbraten, solltet ihr gut darauf achten, ein geeignetes Öl zu verwenden (z.B. Rapsöl)."

„Die Austernpilze auf keinen Fall schon mit den Champignons in die Pfanne geben, weil sie nicht gekocht werden dürfen, da das Vitamin D die Hitze wohlmöglich nicht übersteht."

FEURIGE LASAGNE

ZUBEREITUNG:

**Gesamter Zeitaufwand: ca. 1 h
(mit Fertigprodukten)**

01   Zunächst stellen wir die Soße für die Lasagne her. Dazu die passierten Tomaten, die Würzpaste, Oregano, Kräutersalz und die vegetarische Bolognese miteinander vermischen.

02   Die Tomaten, den Tofu und die Zwiebel in Würfel schneiden und mit dazu geben.

03   Alles auf niedriger Stufe ein bisschen vor sich hin köcheln lassen (ca. 10 min).

04   Die Soße, die Lasagneplatten und die vegane Sahne wie folgt in der Auflaufform verteilen:

   1. Schicht: Soßenmischung
   2. Schicht: 3 Lasagne-Platten nebeneinander platzieren und mit ein paar Klecksen veganer Sahne versehen.
   Dann alles ca. vier Mal wiederholen, bis am Ende die Schicht mit der Soße oben ist. Alle Platten müssen komplett mit Soße bedeckt sein, damit sie nach dem Backen im Ofen nicht hart sind. Dann mit dem Hefeschmelz bestreuen.

05   Alles für ca. 30 min stehen lassen, damit die Platten vor dem Backen schon ein bisschen aufgeweicht sind.

„ Ansonsten kann es sein, dass die Platten immer noch hart sind und der Hefeschmelz verbrannt ist."

06   Nach 15 min der „Aufweichzeit" Ofen auf 175°C (Umluft) vorheizen und ein Blech auf mittlerer Schiene einschieben. Die Lasagne aber noch weitere 15 min „aufweichen" lassen und dann erst zum Backen in den Ofen schieben. Die Lasagne braucht ca.25-30 min, bis sie gar ist.

Fertig!

ZUTATEN:

**Für vier Personen oder zwei
Personen und einen Patrik**

1 Packung passierte Tomaten
1 Block (200 g) Tofu (Natur)
2 EL Harissa Würzpaste oder meine selbstgemachte Alternative (siehe Kapitel „Do it yourself!")
1 EL Oregano
2 große Tomaten
1 große Zwiebel
1 TL Kräuterwürzsalz (wir benutzen das von ener bio)
1 Glas Vegetarische Bolognese (ener bio) oder meine selbstgemachte Alternative (siehe Kapitel „Do it yourself!")
4 EL getrocknete oder frisch gehackte Petersilie
100g Wilhelmsburger Pizzaschmelz
½ Becher vegane Sahne (z.B.Crème fit von Soja fit)
12 Lasagne- Platten aus Hartweizengrieß
1 TL Rapsöl

1 große Auflaufform
1 Topf
1 Holzlöffel
1 Brett
1 geriffeltes Messer

BADASS - HAFENWÜRSTCHEN

ZUBEREITUNG:

Vorbereitungszeit: ca. 1:15 h

01   Kartoffeln schälen, waschen, in Scheiben schneiden oder würfeln

02   Kartoffeln weich kochen

03   in der Zwischenzeit die Würstchen in Scheiben schneiden und mit den Zwiebeln und 1 TL Pfeffer in einer beschichteten Pfanne mit Rapsöl auf höchster Stufe anbraten, bis die Zwiebeln glasig und die Würstchen goldgelb sind.

04   dann erst den gewürfelten Aufschnitt dazugeben und weitere 2 min auf niedrigster Stufe mit anbraten.

„Der Aufschnitt eignet sich sehr gut, um einen „rauchigen" Geschmack zu bekommen. Er hat ähnliche Eigenschaften wie Speck".

„ Bei Tofuwürstchen und veganem Aufschnitt anderer Marken kann ich nicht garantieren, dass die Kartoffelbreisuppe dann auch so gut schmeckt, weil die Würstchen und der Aufschnitt auch schon gewürzt sind und alles in allem dann der Kartoffelbreisuppe ihren speziellen Geschmack verleiht.``

05   Kartoffeln stampfen

06   nachdem die Kartoffeln gestampft sind, 1 Beutel Kartoffelpüree, 100 ml Crème fit oder andere Sojasahne und 800 ml Wasser, 100 ml Sojamilch und 3 EL Kräutermeersalz dazugeben

07   alles gut vermengen und am besten über Nacht stehen lassen, damit die Kartoffeln den vollen Geschmack annehmen (ist aber nicht zwingend erforderlich)

08   alles noch einmal für ca. 20 min auf niedriger Stufe köcheln lassen und ab und zu umrühren

09   vor dem Verzehr einen Schuss Würzsauce hinzugeben und mit knusprigem Weißbrot oder Baguette verzehren.

Guten Appetit!

ZUTATEN:

Für vier Personen oder zwei Personen und einen Patrik

1 kg Kartoffeln (festkochend)
1 Packung (175 g) Tofuwürstchen (am besten von von Gut-Bio)
½ Packung (60 g) Veggie- Aufschnitt (am besten von GutBio)
2 mittelgroße Zwiebeln
Pfeffer (nach Geschmack- ich benutzte ca. 1 TL)
3 EL Kräutermeersalz (alternativ 1-2 Gemüsebrühwürfel)
½ Becher (100 ml) Sojasahne
100 ml Sojamilch (ungesüsst)
1 Beutel Kartoffelpüree
800 ml Wasser
Rapsöl zum Anbraten
Würzsauce zum Abschmecken

1 großer Topf
1 Holzlöffel
1 Pfanne
1 Küchenbrett
1 kleines geriffeltes Messer
1 Kartoffelstampfer

„Katys Kartoffelbreisuppe erinnert mich an ein Gericht, das mir meine Mutter als Kind oft gekocht hat. Es heißt übersetzt Hafenwürstchen."

ORIENTALIS

CH

A LA MAMA BADASS

KHORESHD (PERSISCHER BOHNENEINTOPF) MIT KARTOFFELREIS

ZUBEREITUNG BOHNENEINTOPF:

Gesamter Zeitaufwand inkl. Kochzeit ca. 1:30 h

01 Fenster aufmachen - das Andünsten von Zwiebeln und Knoblauch stinkt gewaltig

02 Zwiebeln und Knoblauch schälen und in kleine Stücke hacken und in einen beschichteten großen Topf mit Öl geben und alles auf höchster Stufe an dünsten, bis die Zwiebeln „glasig" und ein bisschen braun sind

03 Bohnen waschen und in ca. 2 cm lange Stücke schneiden, Endstücke entfernen und die geschnittenen Bohnen zu den Zwiebeln und dem Knoblauch geben

04 Das Ganze auf höchster Stufe und mit geschlossenem Deckel kochen lassen, bis das Wasser aus den Bohnen verkocht ist (ca. 10-15 min)

05 1 TL Bohnenkraut, 2 TL Salz, 1 ½ TL Curry, ½ TL Chili und ½ Tube Tomatenmark dazugeben

06 Das Ganze mit Wasser auffüllen, bis die Bohnen komplett damit bedeckt sind

07 Alles für 45 min bis 1 Stunde auf mittlerer Stufe vor sich hin köcheln lassen

Auf der nächsten Doppelseite geht es mit dem Reis weiter.

ZUTATEN:

Für vier Personen oder zwei Personen und einen Patrik

1 kg grüne Bohnen
2 Knoblauchzehen
3 mittelgroße Zwiebeln
400 g Bamatireis
3 große Kartoffeln
Pflanzenöl (z.B.Rapsöl)
1 TL Bohnenkraut
½ TL Chili
2 TL Salz und extra Salz für Kartoffeln und Reis
1 ½ TL Curry
1 Messerspitze Safran

Küchenrolle oder wattierter Aufsatz für den Kochtopfdeckel zum Dampf aufsaugen (so ähnlich wie eine Duschhaube aus Küchenhandschuh oder Topflappen)
2 große beschichtete Töpfe mit Deckel
1 Holzlöffel
1 Küchensieb
1 großer runder Teller für den Kartoffelreis
1 Küchenbrett
1 geriffeltes Messer

KHORESHD (PERSISCHER BOHNENEINTOPF) MIT KARTOFFELREIS

ZUBEREITUNG REIS UND KARTOFFELN:

01   Den Basmatireis ca. 2 Stunden vor dem Kochen in Wasser einweichen (kann man auch schon 1 Tag vorher machen).

02   Reis gründlich in einem Sieb abspühlen, in den Topf geben und Wasser auffüllen, bis es ca. 1 cm über der Reis-Füllhöhe steht.

03   Den Reis auf mittlerer Stufe langsam kochen lassen, bis er halb gekocht (bissfest) ist.

04   Dann den Reis in ein Sieb geben und abtropfen lassen.

05   Kartoffeln schälen und in dünne Scheiben schneiden.

06   In den zuvor für den Reis benutzten Topf Öl geben und die Kartoffelscheiben auf dem Boden des Topfes verteilen und mit Salz (und ggf. etwas Safran) würzen.

07   Dann den Reis auf die Kartoffeln geben, Öl und Salz nach Geschmack hinzu fügen.

08   1 Schicht Küchenrolle zwischen Kochtopf und Deckel befestigen, sodass überflüssige Feuchtigkeit aus dem Reis aufgenommen wird.

09   Alles für ca. 40 min auf mittlerer Stufe kochen lassen (muss nicht umge rührt werden).

„Am Boden des Topfes entsteht nun eine knusprige goldgelbe Kar toffelschicht (auf Persisch „Tadig" genannt), die in Kombination mit dem Reis einfach hervorragend schmeckt!"

10   Zum Schluss den Kartoffelreis auf einem großen runden Teller stürzen.

11   Alles zusammen mit frischem Salat, Tomaten und Gurken servieren - Guten Appetit!

Tipp: „Alternativ zu den grünen Bohnen kann man auch Kidneyboh-nen verwenden. Das Grundrezept bleibt gleich. Und schon hat man ein feuriges Chili, das man am besten pur oder aber auch mit etwas frischem Brot isst.“

„Brot oder Reis als Beilage ergänzen sich mit den Bohnen zu einer optimal Proteinquelle mit einer ausgeglichenen Aminosäurenbilanz!“

DOLMA (GEFÜLLTE PAPRIKASCHOTEN)

ZUBEREITUNG:

Vorbereitungszeit: ca. 25 min
Kochzeit: ca. 1 h

01   Den Milchreis in eine Schüssel geben und sorgfältig abwaschen.

02   Den oberen Teil der Paprika abschneiden, also sozusagen den „Deckel" ent
fernen und beiseite legen (wird vor dem Kochen wieder drauf gesetzt). Alle
Paprika vollständig aushöhlen und entkernen.

03   Basmatireis aufsetzen und kochen. Salz und Öl dazugeben.

04   Die Zwiebeln und das Soja-Hack zunächst mit dem Vleischwolf zerkleinern
oder mit der Hand bearbeiten (Zwiebeln in ganz kleine Würfelchen schnei
den und Soja-Hack mit der Hand möglichst klein zerbröseln).

05   Dann alle anderen Zutaten (1 Tasse gemischte Kräuter, 1 ½ Esslöffel Salz,
2 EL Curry, 1 TL Chili, 3 EL Pflanzenöl) mit den Zwiebeln und dem Soja-Hack
vermengen, bis alles gut vermischt ist.

06   Zum Schluss ca. 100 ml Wasser zur Masse hinzugeben und alles gut ver
mengen und kneten, bis nichts davon mehr an den Händen kleben bleibt.
Bei Bedarf ein bisschen mehr Wasser verwenden.

07   Nun die Masse in die Paprika füllen (bis ca. 1 cm unter den Rand, da die
Masse sich noch ausdehnt beim Kochen) und die „Deckel" wieder drauf
setzen. Diese jeweils mit einem Zahnstocher am unteren Teil der Paprika
fixieren (1 Mal von oben nach unten durchpieken).

08   Die Paprika in den Topf setzen und 2 Tassen kochendes Wasser in den Topf
geben.

09   Das Ganze muss ca. 1 Stunde auf mittlerer Stufe und mit geschlossenem
Deckel vor sich hin köcheln.

10   Vor dem Essen kann je nach Geschmack ein bisschen Zitronensaft über
die gekochten Paprika gegeben werden. Als Beilage eignet sich frischer
Basmatireis sehr gut. Man kann Dolma aber auch mit frischem Fladenbrot
essen. Auch sehr lecker! „

„Alle Gewürzmengen sind bei diesem Gericht so gewählt, wie sie
Patrik gern isst. Mit Chili und Kreuzkümmel sollte vorsichtig umge-
gangen werden. Ein intensiver Geschmack ist nicht jedermanns
Sache. Uns schmeckt es aber hervorragend."

ZUTATEN:

**Für vier Personen oder zwei
Personen und einen Patrik**

9 große Paprika oder 12 kleine
Paprika
4 kleine Zwiebeln
2 Packungen (360 g) Soja-Ge-
hacktes (von Berief sojafit oder
alternativ anderes gewürztes
Soja- Gehacktes)
1 Tasse Milchreis (ca. 200 g)
1 ½ EL Salz (+1 EL Salz für Basmatireis)
1 Tasse gemischte Kräuter (gibt
es auch im persischen Geschäft)
zu gleichen Teilen (Petersilie, Lauch, Basilikum, Kerbel,
Bockshornklee)
2 EL Curry
1 TL Chili
3 EL Pflanzenöl (z.B. Rapsöl) (+
2 EL Pflanzenöl für Basmatireis)
Saft einer Zitrone
ca. 100 ml Wasser (+ 2 Tassen
gekochtes Wasser für das Kochen
der Paprikas)
Basmatireis oder Kartoffelreis
(nach unserem Rezept) als Beilage

9-12 Zahnstocher
1 großen Topf mit Deckel, in
den 9 große aufgestellte Paprika
passen
1 Schüssel
1 beschichteten Topf mit Deckel
für den Reis
1 Holzlöffel

Tipp: „Für die Zubereitung von Dolma ist es ratsam, einen Vleischwolf zum zerkleinern der Zutaten zu verwenden. Man kann aber z.B. die Zwiebeln auch mit einem Gemüseraspler reiben und das Soja-Hack mit den Fingern zerkleinern". Den besseren Effekt hat jedoch der Vleischwolf, weil man die Zutaten dann viel kleiner machen kann, als man es mit der Hand schaffen würde- außerdem erspart man sich viel Arbeit."

FALAFELN A LA MAMA BADASS

ZUBEREITUNG:

Vorbereitungszeit: ca. 45-60 min

01   Vorbereitung der Kichererbsen:
Die Kichererbsen sollten einen Tag vor der Zubereitung in Wasser eingelegt und aufgeweicht werden, damit man sie gut verarbeiten kann. Alternativ kann man sie auch ca. 15 min kochen, bis weißer Schaum an der Oberfläche erscheint. Dieser muss abgeschöpft werden.

02   Zwiebeln vor der Verarbeitung mit dem Vleischwolf je nach Größe halbieren oder vierteln. Das Wasser, in welchem die Kichererbsen eingelegt sind, abgießen.

03   Eine große Schüssel unter die Öffnung des Vleischwolfes stellen.

04   Kichererbsen, Knoblauch und Zwiebeln durch den Vleischwolf „jagen".

05   Die Masse mit dem Mehl, dem lauwarmen Wasser und den Gewürzen vermengen und gut verkneten. Die präzisen Mengen von Mehl und Wasser sind so zu wählen, dass die Masse beim Kneten nicht mehr an den Händen klebt. Es kann also sein, dass man ein bisschen mehr Mehl oder Wasser, als angegeben, verwenden muss.

06   Den gesamten Teig zu Kügelchen (Golfballgröße) formen.

07   2 EL Öl (z.B. Rapsöl) in die Pfanne geben.

08   WICHTIG: zunächst mit einer Falafel prüfen, ob die Masse die richtige Konsistenz hat. Wenn die Kugel auseinanderfällt, muss noch Mehl zur Masse hinzugefügt werden.

09   Alle Falafel-Bällchen knusprig anbraten und bei Bedarf mehr Öl in die Pfanne geben. Alternativ kann man die Bällchen auch frittieren.

„Alle Gewürzmengen sind bei diesem Gericht so gewählt, wie sie Patrik gern isst. Mit Chili und Kreuzkümmel sollte vorsichtig umgegangen werden. Ein intensiver Geschmack ist nicht jedermanns Sache."

„ Der Geschmack und die Konsistenz der Masse verbessern sich, wenn man sie über Nacht ruhen lässt."

ZUTATEN:

Für vier Personen oder zwei Personen und einen Patrik

4 kleine Zwiebeln (2 große)
1 Knoblauchzehe
500 g Kichererbsen (Trockengewicht)
½ Tasse Kräutermischung (gibt es auch im persischen Geschäft) zu gleichen Teilen (Basilikum, Majoran, Thymian)
1 ½ EL Kreuzkümmel
½ TL Chili
1 EL Salz (nicht gehäuft)
250-300 g Mehl
ca. 100 ml lauwarmes Wasser

1 große Schüssel
1 Vleischwolf
1 große Pfanne
1 Küchenbrett
1 geriffeltes Messer

„ Es ist ganz wichtig, dass keine Kichererbsen aus Konserven verwendet werden, weil die Falafeln ansonsten bitter werden!"

„Man kann die gebratenen Falafeln auch einfrieren und nach Bedarf auftauen und im Backofen wieder erwärmen. Mit ein paar Pommes oder in einem Fladenbrot und scharfer Soße sind sie ein Hochgenuss!"

GHORMESABSI
(PERSISCHER KRÄUTEREINTOPF MIT BOHNEN)

ZUBEREITUNG:

Vorbereitungszeit ca. 25 min
Kochzeit 1 h

ZUTATEN:

Für vier Personen oder zwei
Personen und einen Patrik

01 Schwarzaugenbohnen eine Nacht vor der Zubereitung in Wasser einweichen

02 Schwarzaugenbohnen aufkochen, bis sich weißer Schaum an der Wasseroberfläche bildet- diesen abschöpfen und die Bohnen noch ca. weitere 5 Minuten weiterkochen lassen und dann über einem Sieb abgießen und abtropfen lassen

03 Die Schwarzaugenbohnen mit klarem Wasser abwaschen

04 Zwiebeln und Knoblauch in kleine Stücke schneiden, Öl in eine Pfanne geben und anbraten, bis alles eine goldgelbe Farbe annimmt

05 2 Hände voll getrocknete Kräuter (persische Kräutermischung) zu dem Knoblauch und den Zwiebeln geben und ca. ½ Tasse Wasser hinzugeben und alles langsam auf niedriger Stufe für 10 min dünsten

06 Die gewaschenen Schwarzaugenbohnen hinzufügen

07 1 EL Salz, ½ EL Kurkuma und ½ EL Chili und den Saft einer Zitrone (oder 1 EL getrocknete Limone) hinzufügen

08 Wasser hinzufügen (ca. 1 Liter), bis alles komplett mit Wasser bedeckt ist

09 Alles für ca. 1 Stunde auf mittlerer Stufe kochen lassen, bis das Wasser fast gänzlich verdunstet ist

10 Den Eintopf mit einer Schöpfkelle (mit Löchern) aus dem Topf holen und überschüssiges Wasser ablaufen lassen

3 Knoblauchzehen
250 g Schwarzaugenbohnen
3 mittelgroße Zwiebeln
2 Hände voll Kräutermischung
(aus persischem Geschäft,
enthält: Bockshornklee, Schnittlauch, Petersilie, Koriander)
1 EL Salz
½ EL Kurkuma
½ EL Chili
1 EL getrocknete Limone oder
den Saft einer Zitrone

1 Topf
1 Sieb
1 Küchenbrett
1 geriffeltes Messer
1 Schöpfkelle mit Löchern

„Wichtig! Während der Eintopf kocht, muss ab und zu umgerührt und kontrolliert werden, ob der Liter Wasser, der hinzugefügt wurde, genug war. Die Schwarzaugenbohnen saugen viel Wasser auf und es kann sein, dass dann nicht genügend Wasser zum Kochen vorhanden ist. Der Eintopf brennt ohne genügend Wasser schnell an. Also gut aufpassen!"

Ghormesabsi serviert man am bestem mit frischem Basmatireis.

„Der Bockshornklee und die Proteinkombination von Bohnen und Reis machen dieses Gericht zu einem echten Muskelmacher."

BIG BAD SAMOSAS

ZUBEREITUNG:

**Vorbereitungszeit ca. 25 min
und ca. 20 min zum Anbraten oder Frittieren**

Zubereitung Füllung:

01   Kartoffeln schälen und kochen, Zwiebel hacken und die Zitrone pressen.

02   Kartoffeln klein schneiden.

03   Alle Zutaten miteinander vermengen und ca. ½ Stunde bei mittlerer Hitze kochen, damit der Geschmack sich vereinheitlicht. Alles ab und zu umrühren.

04   In der Zeit die Teigtaschen vorbereiten.

Zubereitung Teigtaschen:

01   Alle Zutaten miteinander vermengen und zu einem homogenen Teig verarbeiten (kann man mit der Hand kneten).

02   Den Teig vierteln und zu 5 gleich großen Kugeln formen. Ein ganz kleines sechstes Kügelchen zur Seite legen (halb so groß wie die anderen 5- diesen Teig benötigt man eventuell zum Modellieren.)

03   Jede Kugel in dünne Fladen ausrollen (so dünn, wie es geht, ohne zu reißen – mit einer Fläche von ca. 20 cm Durchmesser).

04   Die Fladen in je 4 gleich große Teile schneiden (wie bei einem Kuchen). Es sind nun 4 Teigteile entstanden, die man als Dreiecke durchgehen lassen könnte.

05   Man benötigt erst einmal ein Teigteilchen. Auf dieses wird ein gehäufter Esslöffel (oder ein bisschen mehr) der Füllung gegeben.

06   Mit einem zweiten Teigteilchen decken wir alles ab und formen es zu einer dreieckigen Teigtasche. Die Ränder drücken wir zusammen, sodass die Taschen gut verschlossen sind.

07   Die Samosas in der Pfanne auf höchster Stufe anbraten (ca. 10 min) und ab und zu wenden.

„ Die Teigtaschen müssen wirklich sehr sorgfältig verschlossen werdn. Die Füllung enthält Mais und der „poppt" in der Pfanne und könnte euch ein Loch in den Kopf brennen. Oder einfach sicherheitshalber einen Spritzschutz verwenden. Also, Vorsicht!"

ZUTATEN:

Für ca. 10 große Samosas

Für die Füllung:

75 g Maismehl
50 g Weizenmehl
25 g Zucker
½ kleine Zwiebel
Saft von ½ Zitrone
250 ml Wasser
¼ Dose weiße Bohnen ca. 100 g
1 Tüte Kartoffelpüree- Pulver
Ca. 250 g Kartoffeln, 4-5 kleine Kartoffeln (gekocht)
150 g Mais (½ Dose)
½ TL roter Pfeffer
250 ml Sojamilch
½ Glas Erbsen (ca. 200 g)
1 TL Salz
2 EL Öl
1 EL Petersilie
½ EL Koriander
2 EL Curry
½ TL schwarzer Pfeffer
½ EL Kurkuma
3 TL geschrotetes Chili oder 2 EL Chilipulver (kein Chiliwürzer)

Für die Teigtaschen:

1000 g Weizenmehl
100 g Maismehl
6 EL Öl
½ TL Salz
1 x Hefe
600 ml warmes Wasser

„Die Samosas lassen sich prima einfrieren und wieder auftauen. Wir finden sogar, dass sie besser schmecken, wenn man sie wieder auftaut und neu „anknuspert".

Tipps für alle, die Öl nicht so gut vertragen oder einfach nicht so viel davon am Essen haben wollen: 1. Immer auf höchster Stufe anbraten- sonst zieht das Öl komplett in die Taschen ein und 2. Die Taschen nach dem Braten zwischen 2 Küchentücher legen und abtupfen.

KARTOFFELREIS (BEILAGE)

ZUBEREITUNG KARTOFFELREIS:

ZUTATEN:

01 Den Basmatireis ca. 2 Stunden vor dem Kochen in Wasser einweichen (kann man auch schon 1 Tag vorher machen).

02 Reis gründlch in einem Sieb abspülen, in den Topf geben und Wasser auffüllen, bis es ca. 1 cm über der Reis-Füllhöhe steht.

03 Den Reis auf mittlerer Stufe langsam kochen lassen, bis er halb gekocht (bissfest) ist.

04 Dann den Reis in ein Sieb geben und abtropfen lassen.

05 Kartoffeln schälen und in dünne Scheiben schneiden.

06 In den zuvor für den Reis benutzten Topf Öl geben, die Kartoffelscheiben auf dem Boden des Topfes verteilen und mit Salz (und ggf. etwas Safran) würzen.

07 Dann den Reis auf die Kartoffeln geben, Öl und Salz nach Geschmack hinzu fügen.

08 1 Schicht Küchenrolle zwischen Kochtopf und Deckel befestigen, sodass überflüssige Feuchtigkeit aus dem Reis aufgenommen wird.

09 Alles für ca. 40 min auf mittlerer Stufe kochen lassen (muss nicht umge rührt werden).

400 g Bamatireis
3 große Kartoffeln
Pflanzenöl (z.B.Rapsöl)
Salz
1 Messerspitze Safran

Küchenrolle oder wattierter Aufsatz für den Kochtopfdeckel zum Dampf aufsaugen (so ähnlich wie eine Duschhaube aus Küchenhandschuh oder Topflappen)
1 beschichteter Topf mit Deckel
1 Holzlöffel
1 Küchensieb
1 großer runder Teller
1 Küchenbrett
1 Messer

„Am Boden des Topfes entsteht nun eine knusprige goldgelbe Kruste (auf Persisch „Tadig" genannt), die in Kombination mit dem Reis einfach hervorragend schmeckt!"

10 Zum Schluss den Kartoffelreis auf einem großen runden Teller stürzen.

11 Alles zusammen mit frischem Salat, Tomaten und Gurken servieren - Guten Appetit!

„Bevor man die geschnittenen Kartoffeln auf den Boden des Topfes legt, kann man je nach Geschmack Safran zum Öl hinzufügen. Die Kartoffeln sehen dann nicht nur toll aus, sondern haben auch einen leckeren „duftigen" Geschmack, der den Kartoffelreis zu einem Highlight macht."

Tipp:„ Mit Safran sollte sparsam umgegangen werden. Zum einen, weil er sehr intensiv im Geschmack ist und zum anderen, weil er das teuerste Gewürz der Welt ist (bis zu 30 € pro Gramm! Es gibt aber auch preiswerteren, der bei ca.8 € pro Gramm liegt). Gefärbtes Safran-Wasser sollte nicht gleich weggeschüttet werden, wenn man keine Verwendung dafür hat. Man kann es eine ganze Weile im Kühlschrank aufbewahren. Man kann die Safranfäden mehrmals zum Färben verwenden.“

Ich bin seit meiner Kindheit ganz verrückt nach der Kruste, die sich bei dieser Art der Zubereitung von Reis (oder auch Nudeln) am Topfboden bildet.

ZERESHK POLO (BEILAGE)
BASMATIREIS MIT BERBERITZEN

ZUBEREITUNG ZERESHK POLO:

ZUTATEN:

Zubereitung Basmatireis (Polo):

01   Basmatireis in einem Sieb unter fließendem Wasser abwaschen.

02   Basmatireis in einen großen Topf geben und mit Wasser auffüllen, bis es ca. 2 cm über dem Reis steht.

03   Auf höchster Stufe kochen und oft umrühren.

04   Wenn das Wasser oberflächlich verkocht ist (nach ca. 10 min der Fall), nochmals umrühren und 1 Schuss Öl und Salz nach Geschmack hinzufügen.

05   Deckel draufsetzen- dabei ein doppelt gelegtes Stück Küchenrolle zwischen Topf und Deckel legen, damit überschüssiges Wasser aufgesaugt werden kann.

06   Ab und zu gucken, ob anfangs genügend Wasser hinzugefügt wurde. Bei Bedarf ein ganz kleines bisschen Wasser aufgießen.

07   Den Reis für weitere 20 min auf niedrigster Stufe garen.

Zubereitung der Berberitzen (Zereshk):

Ca. 8 EL Berberitzen mehrmals in einem Sieb waschen und eventuelle Sand reste oder Steinchen entfernen und dann in eine kleine Pfanne geben. Etwas Öl hinzufügen und für ein paar Minuten anbraten. Fertig!

400 g Bamatireis
Pflanzenöl (z.B.Rapsöl)
Salz
8 EL Berberitzen

Küchenrolle oder wattierter Aufsatz für den Kochtopfdeckel zum Dampf aufsaugen (so ähnlich wie eine Duschhaube aus Küchenhandschuh oder Topflappen)
1 beschichteter Topf mit Deckel
1 kleine Pfanne
1 Holzlöffel
1 großer runder Teller
1 Küchenbrett
1 Messer

„Die Beeren der Berberitze werden vor allem im Iran und in anderen orientalischen Ländern zum Kochen verwendet. Sie werden zum süß-sauren Würzen von Reis (z. B. Zereshk Polo – „Berberitzen-Reis"), aber auch für andere Gerichte verwendet. Die Beeren schmecken sauer und sind sehr vitaminreich."

SÜSSE LECKE

REIEN

APFELKUCHEN MIT PUDDINGFÜLLUNG

ZUBEREITUNG:

Gesamter Zeitaufwand (inkl. Backzeit) ca. 1:45 h

Boden:

01 Alle Zutaten mit der Hand vermengen und alles gut kneten, bis eine homogene Masse entsteht.

„Anstelle der Margarine darf auf keinen Fall Öl benutzt werden. Der Teig wird sonst am Ende nicht so, wie er sein soll, nämlich immer noch „griffig" genug (so ähnlich wie bei Plätzchenteig), um einen Rand bis unter den Springformrand zu formen. Einen Mixer benötigt man nicht."

02 Springform zusammensetzen und Backpapier einlegen (bis zum Rand und dann den Rest, der übersteht, abschneiden).

03 Den Teig in der Form gleichmäßig verteilen, bis unter den Rand. Nur so ist es gewährleistet, dass später die weiche Puddingmasse nicht aus der Form bricht und plötzlich ein drei Mal so großer Fladen entsteht (*blubb*).

Füllung mit Pudding und Äpfeln:

01 Äpfel schälen (unbedingt, ansonsten wird der Kuchen beim Kauen immer mehr im Mund), dann in kleine Würfelchen schneiden und auf der Teigmasse gleichmäßig verteilen.

02 Pudding zubereiten:
a. 2/3 der Sojamilch unter ständigem Rühren zum Kochen bringen
b. 1/3 der Sojamilch mit dem Puddingpulver, dem Päckchen Vanillezucker und den 2 EL Zucker in einem kleinen Schälchen vermengen und gut rühren, bis keine Klümpchen mehr vorhanden sind
c. Wenn die Sojamilch kocht, von der Stelle nehmen und Puddingpulvermasse mit einem Schneebesen unterrühren

03 Fertigen Vanillepudding über die Äpfel auf dem Teig gießen

Zimt-Haferflockenstreusel:

01 Alle Zutaten miteinander vermengen und mit der Hand zu kleinen „Kekschen" formen und auf dem Kuchen verteilen.

Auf der nächsten Doppelseite geht es weiter!

ZUTATEN:

Für 1 Apfelkuchen benötigt man folgende Zutaten:

5 mittelgroße oder 2 große Äpfel
Springform
Backpapier
Beschichteter Topf + Holzlöffel
Schälchen
Schneebesen
Messer+Brett

Für den Boden:
600 g Weizenmehl oder Dinkelmehl
300 g vegane Pflanzenmargarine (z.B. Sojola)
100 g Zucker
2 Päckchen Vanillezucker
1/2 Päckchen Backpulver

Für die Vanillepuddingfüllung:
1 Päckchen veganes Vanille-Puddingpulver
500 ml Sojamilch
2 EL Zucker
1 Päckchen Vanillezucker

Für die Vanillesoße:
100 ml Sojamilch+ ¼ Dose Sojasprühsahne (z.B. Schlagfix)
1 Päckchen veganes Vanille-Puddingpulver

Für die Zimt- Haferflockenstreusel:
50 g Haferflocken
3 EL Zucker
100 g vegane Pflanzenmargarine
1 EL Zimt

APFELKUCHEN MIT PUDDINGFÜLLUNG

ZUBEREITUNG VANILLESOSSE

01   2/3 der Sojamilch in einen Messbecher geben.

02   1/3 der Sojamilch mit dem Puddingpulver in einem Schälchen vermengen,
bis keine Klümpchen mehr zu sehen sind.

03   Sojasahne nach und nach in den Messbecher sprühen und mit der
Sojamilch verrühren, bis am Ende 300 ml Gesamtflüssigkeit entstanden ist.

04   Die Zutaten in einem Topf unter ständigem (!) Rühren zum Kochen bringen.

05   Puddingpulvermasse mit einem Schneebesen unterrühren.

06   Vanillesoße in ein Kännchen füllen und ab in den Kühlschrank.

„Man kann die Sojamilch auch ohne die Sahne zum Kochen
bringen und die Sprühsahne dann einfach zum Schluss unter den
warmen Pudding heben. Hat den gleichen Effekt, brennt aber
nicht so schnell an."

Backzeit:

Den Kuchen im auf 175°C vorgeheizten Backofen auf mittlerer Stufe ca.
50 min backen. Bei Backöfen ohne Umluft kann sich die Backzeit um ca.
10-15 min verlängern. Es ist wichtig, dass die Backtemperatur nicht
überschritten wird, weil die Streusel ansonsten einfach anbrennen und „zu
Staub zerfallen."
Den Kuchen noch warm mit kalter Vanillesoße genießen. Er ist aber auch
kalt ein wahrer Gaumenschmaus!

NUSSIGER KIRSCH - BISKUIT - KUCHEN

ZUBEREITUNG:

Gesamter Zeitaufwand (inkl. Backzeit) ca. 1:45 h

Zubereitung des Bikuitbodens:

01 Backofen auf 175°C Umluft vorheizen.

02 Alle Zutaten in einer großen Schüssel zusammenbringen und mit einem Handrührgerät verrühren, bis keine Klümpchen mehr zu sehen sind.

03 Den Teig in eine gefettete oder mit Backpapier ausgelegte Springform geben

04 Springform auf mittlerer Stufe in den Backofen stellen und für ca. 25 min und 175°C Umluft golgelb backen.

05 Bikuitboden abkühlen lassen, bevor die Puddingcreme drauf gestrichen wird.

Zubereitung der Puddingcreme:

01 2/3 der Sojamilch unter ständigem Rühren zum Kochen bringen.

02 1/3 der Sojamilch mit den anderen Zutaten vermengen und solange verrühren, bis alle Klümpchen verschwunden sind.

03 Wenn die Sojamilch kocht, diese von der Kochstelle nehmen und die Puddingpulvermasse einrühren und alles verrühren, bis die Masse dick wird.

04 Die Puddingmasse abkühlen lassen und ggf. noch eine Weile in den Kühlschrank stellen (ist aber nicht zwingend notwendig).

05 Nachdem die Puddingcreme abgekühlt und fest ist, diese vorsichtig auf den Biskuitboden streichen und mit Süßkirschen (Sauerkirschen gehen aber auch) belegen.

06 Tortenguss zubereiten (am besten verwendet man als Flüssigkeit gleich den Saft aus dem Glas).

07 Nachdem der Tortenguss dick (aber nicht kalt) geworden ist, diesen auf dem Kuchen verteilen.

08 Den Kuchen für ca. 1 h zum Kühlen in den Kühlschrank stellen.

ZUTATEN:

Für 1 Biskuit-Kuchen benötigt man folgende Zutaten:

Für Biskuitboden:
300 g Mehl
50 g gemahlene Haselnusskerne
200 g Zucker
1 Päckchen Backpulver
2 Päckchen Vanillezucker
100 ml Rapsöl
300 ml Wasser
Springform
Backpapier oder ein bisschen Pflanzenmargarine
1 große Schüssel
Handrührgerät (oder Schneebesen)

Für die Vanille-Pudding-Creme:
500 ml Sojamilch
2 Päckchen veganes Vanille-Puddingpulver
2 Päckchen Vanillezucker
1 Päckchen Tortenguss klar (z.B. mit Agar-Agar)
Topf
Schneebesen
Holzlöffel
Schälchen zum Anrühren der Puddingpulver-Masse
Kleiner Löffel

Für den Belag und den Guss:
1½ Gläser Süßkirschen(ca.500 g)
300 ml Kirschsaft (aus dem Glas)
1 Packung Tortenguss klar
Topf
Holzlöffel

Tipp: „Dieses Rezept kann man der Saison oder dem Geschmack entsprechend auch etwas abwandeln. Man kann z.B. die gemahlenen Haselnusskerne weglassen und anstatt der Kirschen Erdbeeren als Belag wählen. Wir finden, dass Haselnüsse und Kirschen sehr gut harmonieren. Erdbeeren passen besser zu einem reinen Vanillearoma. Auch Ananas, ob frisch oder aus der Dose eignet sich hervorragend als Belag für einen Biskuitkuchen.“

NUSSIGER KIRSCH - BISKUIT - KUCHEN

VARIATIONEN:

1) Zitrus-Mandarine
Anstelle der Haselnusskerne kann man etwas Zitronenaroma oder die abgeriebene
Schale einer Zitrone verwenden und als Belag Mandarinen (aus der Dose- die sind
weich und vorgezuckert).

2) Schoko
Man kann anstelle der gemahlenen Haselnüsse 3 EL Kakaopulver hinzufügen und
hat dann einen Schokobiskuitkuchenboden, der sich z.B. auch sehr gut für vegane
Schokotorten eignet.

3) Schoko-Banane
Den Schokobiskuitboden kann man mit Bananen belegen und als Schicht dazwi-
schen Schokocreme (nach dem Rezept von der Vanillecreme von oben) verwenden.
Schmeckt auch hervorragend! :P
Die jeweiligen Tortengüsse verwendet man dann mit dem anfallenden Saft der
jeweiligen Früchte, die man verwendet. Bei dem Bananenkuchen nimmt man keinen
Tortenguss, sondern flüssige Zartbitterkuvertüre, die man dann in kleinen Streifen
über den Kuchen zieht und abkühlen lässt. Man kann den Kuchen auch mit gesieb-
tem Kakaopulver bestreuen.

FRUITY O - SAFT - KUCHEN

ZUBEREITUNG:

Vorbereitungszeit: 20 min
Backzeit: 25 min

01   Backofen auf 200 °C Umluft vorheizen.
02   Die Schale einer Orange mit einer Raspel entfernen und in eine Schüssel
        geben.
03   5 Orangen pressen und den Saft ebenfalls in die Schüssel geben.
04   Den Zucker, das Backpulver und zunächst 1/3 des Mehls mit einem
        Handrührgerät zu einer homogenen Masse verarbeiten.
05   Nach und nach das restliche Mehl unter Rühren dazugeben.
06   Wenn keine Klümpchen mehr sichtbar sind, alles auf einem mit Backpapier
        ausgelegten Backblech verteilen.
07   Das Backblech auf mittlerer Stufe des Ofens einsetzen und bei 200°C
        Umluft für ca. 25 min backen lassen

ZUTATEN:

für sechs Personen oder drei
Personen und einen Patrik

Saft von 5 Orangen oder Saft
von 12 Mandarinen (ca. 300 ml)
200 ml Sojamilch
Schale von ½ Orange (ca. 1 EL)
1 ½ Tassen Zucker (300g)
1/5 Tasse Öl (100 ml)
2 TL Vanillearoma oder 1 Päckchen Vanillezucker
3 Tassen Mehl (500g)
1 Päckchen Backpulver

Große Schüssel
Gemüseraspel
Saftpresse
Handrührgerät
Holzlöffel

„Die Mengen der Zutaten wurden für ein kleines Backblech gewählt
(ca.40x30 cm). Wenn aber nur ein großes Backblech vorhanden
sein sollte, einfach die doppelte Menge verwenden, da der Kuchen
sonst zu dünn wird. Die Backzeit verlängert sich dann um ca. 10 min. Wenn der
Kuchen überall braun ist, einfach eine „Pieksprobe" mit einem Zahnstocher machen.
Wenn kein Teig mehr kleben bleibt, ist der Kuchen fertig!"

Mein Fruity O-Saft-Kuchen ist ganz leicht zuzubereiten- Vorbereitungszeit ca. 20 min.

Tipp: „Den Kuchen mit etwas Puderzucker betreuen und mit einem heißen schwarzen Tee und braunem Kandiszucker genießen! Ideal für jede Jahreszeit. Im Sommer ist er leicht, fruchtig und bekömmlich und im Winter, wenn es draußen ordentlich kalt ist, kann man ihn mit heißem Tee genießen."

PATRIKS PUDDING - BOMBE (ZAUBERPUDDING)

ZUBEREITUNG:

01   Ca. 2/3 des Soja-Kakaos unter ständigem Rühren zum Kochen bringen

02   1/3 des Kakaos in eine kleine Schüssel geben und das Puddingpulver, den Vanillezucker und den Zucker hinzufügen und gut durchrühren, bis keine Klümpchen mehr vorhanden sind.

03   Wenn der Soja-Kakao kocht, von der Herdplatte nehmen und die angerührte Puddingpulvermasse mit einem Schneebesen unterrühren, bis der Pudding dick wird.

„Falls der Pudding nach 1 Minute Rühren immer noch nicht dicker wird, nochmal kurz auf die noch heiße Kochplatte stellen und ordentlich durchrühren und warten, bis der Pudding die richtige Konsistenz hat. Aber gut aufpassen, dass nichts anbrennt!"

04   Die Edelbitterschokolade in den Pudding geben und ordentlich durchrühren, bis eine homogene Masse entsteht.

05   Nun alles in eine schöne Schüssel geben oder in Schälchen verteilen und im Kühlschrank kühlen. Der Pudding ist aber auch warm ein Hochgenuss.

ZUTATEN:

Für die Zubereitung von einem Pudding für vier Personen (oder einen Patrik) benötigt man folgende Zutaten:

1l Soja- Kakao (am besten von Drink Soja)
200 g Zucker
5 Päckchen Vanillezucker
100 g vegane Edelbitterschokolade (70% Kakaogehalt)
1x veganes Schoko Puddingpulver
2x veganes Vanille-Puddingpulver

1 großer beschichteter Topf
1 Holzlöffel
1 mittelgroße Schüssel + 1 Teelöffel
1 Schneebesen
1 große Tasse oder Schüsseln zum Servieren

„Dieser Pudding besitzt magische Kräfte. Wenn Du ihn regelmäßig genießt, dann zaubert er dir einen stattlichen Bauch in den Pulli."

POWER - NUSSECKEN

ZUBEREITUNG:

Vorbereitungszeit ca. 30 min
Backzeit: 25- 30 min

Boden:

01   Backofen auf 175°C (Umluft) vorheizen.
02   Alle Zutaten miteinander vermengen und solange rühren (geht auch ohne Mixer), bis der Teig homogen ist.
03   Teig auf einem mit Backpapier ausgelegten Backbleck verteilen.
04   Den Teig bei 175°C auf mittlerer Schiene für 15 min backen und die in der Zwischenzeit vorbereitete Masse für den Belag auf dem noch heißen Teig verteilen. Alles dann nochmal für 10 min bei gleicher Backtemperatur weiterbacken lassen. Backofen zwischenzeitlich nicht ausschalten!

Belag:

01   Alle Zutaten miteinander vermengen und in eine beschichtete Pfanne geben.
02   Alles für ca. 10 min auf höchster Stufe anrösten und dabei ständig rühren!
03   Die Masse für den Belag gleichmäßig auf dem noch heißen Kuchenboden verteilen und dann für weitere 10 min backen (Gesamtbackzeit 25-30 min),

Fertig sind die megaleckeren Proteinbomben!

ZUTATEN:

Für den Boden:

300 g Mehl
2 Päckchen Vanillezucker
200 ml Öl
1 Päckchen Backpulver
100 g gemahlene Mandeln
200 g gemahlene Haselnusskerne
200 ml Sojamilch
200 g Zucker

Für den Belag:

4 EL Agavendicksaft
150 ml Sojamilch
1 Päckchen Vanillezucker
100 g gehobelte Mandeln
200 g Haferflocken oder 300 g gehackte Erdnüsse (nicht gesalzen)
2 EL Zimt
2 EL Zucker
100 ml Öl

Tipp: „Verteile immer nur kleine Kleckse der Masse auf dem heißen Kuchenboden und verstreiche sie dann vorsichtig mit einem Esslöffel, weil es ansonsten passieren kann, dass man den Boden kaputtmacht und er dann auseinanderbröckelt."

Achtung: „Powernussecken sind sehr reichhaltig, stecken voller Energie und machen süchtig. Wenn ihr abnehmen wollt, sind sie euer Feind aber für jeden, der eine Extraportion pflanzliche Energie gebrauchen kann, sind sie Freunde für's Leben."

DO IT

BADASS WÜRZPASTE
(ALTERNATIVE ZU HARISSAPASTE)

ZUBEREITUNG:

01   Den Knoblauch schälen und in kleine Stücke hacken und mit etwas Öl anbraten, bis er goldgelb ist

02   Die Pfefferonen hacken

03   Alles mit zu dem Knoblauch in die Pfanne geben und ein bisschen auf niedriger Stufe „anbrutzeln" (ca. 5 min)

Fertig!

ZUTATEN:

4 EL Sonnenblumenöl
18 Pfefferonen (rot) (ca. 40 g)
1 TL Salz
1 TL Kreuzkümmel
½ TL Koriander
1 TL roter Pfeffer
1 Knolle Knoblauch gehackt
100g Tomatenmark
Öl für die Pfanne

„Vorsicht! Extrem scharf - nur zum Würzen von Speisen nutzen!"

KARTOFFELKNÖDEL (HALB UND HALB)

ZUBEREITUNG:

01 525 g Kartoffeln kochen (geht auch mit Schale)
02 Die anderen 525 g Kartoffeln schälen und über einer Schüssel raspeln (mit einer ganz feinen Raspel)
03 Die gekochten Kartoffeln schälen (wenn nicht schon vor dem Kochen ge schehen) und auch raspeln und mit in die Schüssel geben
04 100 g Hartweizengrieß und 50 g Mehl hinzufügen
05 Alles zu einer homogenen Masse verarbeiten
06 Knödel formen
07 Wasser mit etwas Salz in einem großen Topf zum Kochen bringen
08 Knödel ins Wasser „setzen" und auf niedriger Stufe und geschlossenem Deckel für ca. 20 min vor sich hin köcheln lassen, bis sie gar sind

ZUTATEN:

500 gekochte Kartoffeln
500 g rohe Kartoffeln
+ ca. je 25 g Kartoffeln (die beim Schälen und Raspeln verloren gehen)
100 g Hartweizengrieß
50 g Mehl
Salz

Tipp: „Ich rechne immer ein bisschen mehr Kartoffeln ein, weil man beim Raspeln nicht immer die ganze Kartoffel kleinraspeln kann, ohne sich einen Fingernagel zu amputieren, es sei denn, ihr habt so einen tollen Aufsatz vom Teleshopping, mit dem man nach dem Raspeln mehr Kartoffeln hat, als davor."

BADASS BRATENSOSSE

ZUBEREITUNG:

01 Wasser mit Brühwürfel zum Kochen bringen.
02 Die Margarine und das Mehl in einer Pfanne „anschwitzen", bis alles gold gelb ist.
03 Dann die Brühe in die Pfanne geben und alle anderen Zutaten hinzufügen.
04 Ein paar Minuten auf niedriger Stufe vor sich hin köcheln lassen.

Fertig!

ZUTATEN:

500 ml Wasser
1 Gemüsebrühwürfel
1 EL Mehl
100 g Pflanzenmargarine (z.B. Sojola)
20 g Tomatenmark
4 EL Sojasauce
1 TL Kümmel
1 TL Johannisbrotkernmehl
1 TL Pfeffer
1 TL Knoblauchpulver

BADASS PIZZASOSSE

ZUBEREITUNG:

Alle Zutaten miteinander vermengen und kurz aufkochen.

Fertig!

ZUTATEN:

6 frische Tomaten (oder 750 g)
200 g Tomatenmark
1 EL Oregano
2 EL Öl
1 TL Chili (geschrotet)
1 TL Pfeffer
½ TL Salz
1 TL Paprika edelsüß
1 EL frische gehackte Petersilie

VEGANE BOLOGNESE

ZUBEREITUNG:

01   100 ml kochendes Wasser in eine Tasse geben und den halben Gemüse brühwürfel darin auflösen.
02   Das Sojagranulat nach Anleitung verarbeiten (mit Wasser aufgießen).
03   Alle Zutaten, bis auf das Johannisbrotkernmehl und das Sojagranulat im Mixer zu einer homogenen Masse verarbeiten.
04   Die Soße in einen Topf geben und das Johannisbrotkernmehl hinzufügen.
05   Die Soße kurz aufkochen, bis sie andickt.
06   Zum Schluss das vorbereitete Sojagranulat hinzufügen.

Fertig!

ZUTATEN:

1 TL Paprika edelsüß
1 TL Curry
2 Blätter Basilikum
½ Apfel (ca. 70g)
1 TL Kräutermeersalz
100 ml passierte Tomaten
50 g Tomatenmark
½ mittelgroße Zwiebel
½ TL Oregano
1 EL Rapsöl
100 ml Wasser
½ Gemüsebrühwürfel (ca. 10 g)
1 TL Johannisbrotkernmehl
50 g Sojagranulat

SMOOTHIES

& SHAKES

BABOUMIAN SHAKE
VIEL ENERGIE FÜR EINEN GUTEN START IN DEN TAG

ZUTATEN:

01   150 g Haferflocken

02   500 ml Sojakakao

03   40 g veganes Mehrkomponentenprotein (Schoko)

04   10 g Agavendicksaft (ca. 1 EL)

05   20 g Leinsamen-Öl (ca. 2 EL)

06   5 g Kreatin-Monohydrat

Diesen Shake habe ich ursprünglich in einer nicht-veganen Version noch als Vegetarier konzipiert, um mich in die Schwergewichtsklasse „hochzumästen". Die vegane Version ist aber noch effektiver als die Originalversion. Wer die Haferflocken nicht gut verträgt, bekommt sie durch vorheriges Kochen bekömmlicher. Ich nutze zarte Haferflocken (keine kernigen) und werfe die Flocken ungemahlen in den Shake. Ein starker Mixer, wie z.B. der „Vitamix", macht daraus problemlos einen leckeren Brei. Der Shake eignet sich toll als Frühstück.

NÄHRWERTE:

60 g Protein   145 g Kohlenhydrate   32 g Fett

FOUNTAIN OF LIFE

ZUTATEN:

01   150 g gemischte gefrorene Beeren (Erdbeeren, Brombeeren, Heidelbeeren, Himbeeren)

02   1 ½ Bananen (ca. 200 g)

03   125 g Heidelbeeren

04   150 g Granatapfelkerne

05   50 g veganes Mehrkomponentenprotein (neutral)

06   150 ml Wasser

Dieser Smoothie enthält jede Menge Zutaten, die einen tollen Beitrag zum Zellschutz leisten und dafür sorgen, dass ihr jung und knackig bleibt. Außerdem ist er durch den Anteil an gefrorenen Beeren nicht nur voller Enzyme und Antioxidantien sondern auch sehr lecker. Das Extraprotein macht ihn zu einer vollwertigen Mahlzeit, wenn es mal wieder schnell gehen muss.

NÄHRWERTE:

55 g Protein   89 g Kohlenhydrate   3 g Fett

RECOVERY KICK - START

ZUTATEN:

01   3 frisch gepresste Orangen

02   ½ Ananas

03   Saft einer Limette

04   Saft einer Zitrone

05   200 g Weintrauben hell, ohne Kerne

06   3 kleine Äpfel

07   Magnesium, Zink, Vitamin C

08   50 g veganes Mehrkomponentenprotein (neutral)

09   5 g Kreatin-Monohydrat

Dieser Smoothie enthält alles, was ihr braucht, um euren Körper nach dem Training sofort in die Erholungsphase zu bringen. Die Kombination aus Zink, Vitamin C und Magnesium entspannt die Muskulatur und aktiviert Reparaturvorgänge auf zellulärer Ebene. Ananas und Zitrusfrüchte „jagen" jede Menge Enzyme durch euren Körper, die abschwellend, entzündungshemmend und muskelkaterreduzierend wirken. Außerdem bekommt ihr durch die Früchte den schnellen Zucker, den ihr nach dem Training für eine flotte Erholung benötigt und der das Kreatin und die in eurem Blut befindlichen Aminosäuren über den Insulinmechanismus in die Muskelzellen befördert.

NÄHRWERTE:

55 g Protein   100 g Kohlenhydrate 0 g Fett

BADASS REBIRTH
HOLT MICH IN DAS REICH DER LEBENDEN ZURÜCK, WENN DIE NACHT ZUVOR LANG UND HART WAR

ZUTATEN:

01	2 Bananen
02	150 g Haferflocken
03	500 ml Sojamilch
04	30 g veganes Mehrkomponentenprotein (neutral)
05	20 g Agavendicksaft (ca. 2 EL)
06	1 gehäufter Teelöffel Ceylon-Zimt
07	20 ml Leinsamen-Öl (ca. 2 EL)

Dieser Shake kann „Tote" wieder zum Leben erwecken! Er holt mich wieder auf die Beine, wenn ich am Vortag /Vorabend über die Stränge geschlagen habe und mir das noch „ in den Knochen hängt". Die Bananen bringen schnelle und anhaltende Energie, die durch die komplexen Kohlenhydrate der Haferflocken langfristig aufrechterhalten wird. Der Zimt stabilisiert dabei den Blutzuckerspiegel, enthält darüber hinaus jede Menge Antioxidantien und wirkt antibakteriell, was gerade in der kalten Jahreszeit und in Stressphasen sehr nützlich sein kann.

NÄHRWERTE:

65 g Protein   178 g Kohlenhydrate   35 g Fett

PINK PARADISE
SCHMECKT EINFACH HERVORRAGEND

ZUTATEN:

01   2 mittelgroße Karotten (je ca. 100 g)

02   2 mittelgroße Bananen (je ca. 120 g)

03   Eine Hand voll gefrorene Erdbeeren

04   250 ml Orangensaft

05   50 g veganes Mehrkomponentenprotein (neutral)

06   5 g Leinsamen-Öl (ca. 1/2 EL)

Dieser Smoothie war meine erste Kreation, nachdem ich vegan geworden bin. Er erfüllt für mich nur den Zweck, sehr lecker zu sein, ist dabei aber auch genauso gesund und gibt schnelle Energie ohne zu belasten.

NÄHRWERTE:

55 g Protein   90 g Kohlenhydrate   7 g Fett

BADASS ISO POWER
SORGT FÜR FLÜSSIGKEITSZUFUHR UND ENERGIE IM TRAINING

ZUTATEN:

01   100 ml Gurkensaft durch ein feines Sieb gefiltert (ca. 1/2 Salatgurke)

02   den Saft einer halben Zitrone

03   200 ml schwarzer Tee (Ziehzeit 10 min)

04   Messerspitze (2 g) Kochsalz

05   200 ml Apfelsaft

06   500 ml stilles Mineralwasser

optional
50 g Wachsartige Maisstärke

Durch den Gurkensaft ist die Kaliumversorgung während dem Sport gesichert. Das Mineralwasser sollte ein ausgewogenes Profil anderer Elektrolyte enthalten. Ich nutze zudem vor dem Training ein Kalziumpräparat (mit D2 - D3 ist nicht vegan) und nach dem Training Magnesium und Zink. Das Salz gleicht den Natriumverlust durch das Schwitzen aus. Der schwarze Tee sollte 10 min ziehen und wirkt dann als natürlicher Trainingsbooster. Der Zitronensaft sorgt für Zellschutz und einen erfrischenden Geschmack und der Apfelsaft bringt schnell verfügbare Energie, die den Blutzuckerspiegel stabilisiert.

NÄHRWERTE:

0 g Protein 22 g Kohlenhydrate 0 g Fett

CHINA

In China nahm ich im Sommer 2013 an meiner mitlerweile sechsten WM im Strongman teil. Leider war die Vorrunde der WM mehr eine TV-Show als ein ernstzunehmender Wettkampf und ich wurde von meinem Team nach drei Tagen aus dem Wettkampf rausgewählt, ja rausgewählt... nein ich habe nicht bei der chinesischen Version von Big-Brother mitgemacht. Zugegeben, es war wohl letztlich mehr eine Mischung aus Strongman und Takeshi`s-Castle als ein richtiger Wettkampf aber trotzdem eine interessante Erfahrung und ich hatte immerhin drei Tage lang die Chance, als einziger veganer Starter vor 100 Mio. TV-Zuschauern VEGAN-BADASS-Power zu repräsentieren. Als ich

beim Riesentruhenstemmen dann einen bekannten Namen haushoch schlagen konnte, hatte ich sogar die Möglichkeit in mehreren Interviews über den Veganismus zu sprechen und wenn ich damit einpaar Leute zum nachdenken anregen konnte, dann hat sich für mich die Reise nach China schon gelohnt. Glücklicherweise gab es im Hotel übrigens ein Buffet mit einer recht reichhaltigen Auswahl, sodass ich mich gut mit veganem Essen versorgen konnte, nur die nötige Menge an Protein fehlte leider oft, da ich keine Chance hatte, an entsprechende Nahrungsmittel zu kommen und ansonsten meist nur tierische Proteinquellen zur Auswahl standen.

ARMENIEN

In Armenien versuche ich, den Children of Armenia Fond (COAF) beim Wiederaufbau einer Schule in Arteni zu unterstützen. Arteni liegt inmitten einer kargen, steinigen Landschaft und es fehlt den Menschen dort so ziemlich an allem. Die Kinder von Arteni haben mich unglaublich beeindruckt. Ihre Augen strahlen vor Lebensfreude und Wissbegierde und ich will nicht hinnehmen, dass diese Kinder unter widrigsten Bedingungen unterrichtet werden müssen. Daher habe ich mit den Kindern, den Lehrkräften und der Schulleitung gesprochen, um genau zu erfahren, woran es der Schule fehlt. Was sehr offensichtlich war, ist der schlimme Zustand der Turnhalle. Diese ist total baufällig und die Kinder sind dort einer ständigen Verletzungsgefahr ausgesetzt. Daher versuche ich mich speziell für den Wiederaufbau der Turnhalle starkzumachen und sammle dafür Spenden.

DAS ENDE

Abschließend möchte ich jedem danken, der bis hierher durchgehalten hat und bei meinem ungeübten Schreibstil noch nicht eingeschlafen ist. Zur Belohnung gibt es dann jetzt auch eine echte Klatsch und Tratsch-Kostbarkeit, die ich bis zur Veröffentlichung dieses Buches zurückgehalten habe. Es geht um das ENDE. Ein Ende, das (so hoffe ich zumindest) der Anfang einer noch größeren Sache ist. Daher ist es auch passend, das Thema an genau diese Stelle des Buches zu setzen. Doch bevor ich zur Sache komme, muss ich etwas ausholen.

Ich bin nun seit genau zwanzig Jahren sportlich aktiv und habe unzählige Wettkämpfe in den unterschiedlichsten Spielarten des Kraftsports bestritten. Angefangen vom Arm-Wrestling über Powerlifting und Bodybuilding, bis hin zum Strongman, habe ich in diesen zwei Jahrzehnten alles ausprobiert, was mir in den Weg gekommen ist und in einigen dieser Sportarten habe ich auch den einen oder anderen Erfolg feiern können.

Es fing alles damit an, dass ich (damals 14 Jahre alt) bei den Bundesjugendspielen 1993 meinen Kumpel Pierre kennenlernte. Pierre und ich hatten verschiedene Gemeinsamkeiten. Etwa unser ausgesprochen ausgeprägtes Interesse an Videospielen, was uns in der Prä-Playstation-Ära zu einem Teil einer echten Subkultur machte. Unsere Reisen in die virtuellen Welten der Videospiele boten uns eine Zuflucht vor dem alltäglichen Wahnsinn des Schulalltags. Dazu muss man wissen, dass wir beide, jeder auf seine Art, ziemliche Außenseiter waren. Weder sonderlich beliebt bei unseren Mitschülern, noch allzu geschätzt von den Lehrern des Domgymnasiums in Fulda, wo wir tagein, tagaus, unsere Zeit totschlugen. Es war auch nicht so, dass wir uns sonderlich viel Mühe gegeben hätten an unserer mangelnden Popularität etwas zu ändern. Wir genossen viel mehr unseren schlechten Ruf und kanalisierten unsere Energie auf unser zweites gemeinsames Hobby. Das Krafttraining. Wir waren beide ziemliche Pro-Wrestling-Fans und da wir nicht zu der Sorte Kindern gehörten, die sich mit dem passiven Genuss der schlecht inszenierten Show zufrieden gaben, sondern alles, was uns faszinierte am eigenen Leib erleben wollten, riskierten wir regelmäßig bei unserer eigenen Version der Showkämpfe „Kopf und Kragen". Diverse leichtere bis mittelschwere Verletzungen gehörten dabei natürlich genauso zum Alltag, wie regelmäßig erlittene „Beinahe- Genickbrüche". In meinem Fall bei dem Versuch eines Saltos von erhöhter Position etwa, bei dem ich nur eine Rotation von 180° erreichte und so Kopfüber auf den Asphalt knallte. Ich bastelte uns irgendwann sogar in mühevoller Kleinstarbeit einen Interkontinental-Champion-Gürtel aus einem alten 80er-Style-Gurt meiner Mutter, etwas Karton und jeder Menge Alufolie. Leider verlor ich den Gürtel schon beim ersten Kampf an Pierre, wobei ich bis heute der Meinung bin, dass der Kampf nicht sauber ablief. Unsere Liebe zum Wrestling brachte uns schließlich auch zum Krafttraining. Wir trainierten zunächst zu Hause und später dann in einem Fitnesscenter. Nach kurzer Zeit war klar, dass für uns der Kraftsport immer wichtiger wurde und die Showkämpfe immer mehr in den Hintergrund rückten. Wir waren unheimlich motiviert und trainierten täglich. Stundenlang! Außerdem setzten wir absolut rücksichtslos alles um, was uns als nützlich bei der Erlangung unseres Ziels, stärker und muskulöser zu werden, opportun erschien. Wir waren der Meinung, dass man nur ausreichend gnadenlos trainieren und zeitgleich maßlos beim Essen zulangen müsste, um in Rekordzeit zu einem physischen Monster zu mutieren. Und wir sollten uns dabei nicht gänzlich irren. Schon sehr bald konnten wir die Früchte unserer Untaten ernten. Ich etwa legte in den ersten 12 Monaten im Fitnessstudio zwischen meinem 15. und 16. Geburtstag 30 kg an Körpergewicht zu und war mit 16 bereits einer der stärksten Mitglieder im Studio. Da meine Rücksichtslosigkeit auch auf Dauer Spuren an den Geräten des Studios hinterließ, flogen wir nach 18 Monaten aus dem Studio und suchten uns folglich eine Trainingsstätte, die zum einen mit robustem Trainingsequipment ausgestattet war und zum anderen nichts gegen zwei durchgeknallte Teenager hatte, die es sich in den Kopf gesetzt hatten, ihre Körper zu lebenden Gabelstaplern zu modellieren. Wir wuchsen aber auch bald aus diesem Studio heraus und so trennten sich unsere Wege. Während Pierre am Ball blieb und im etwa 10 km entfernten Eichenzell ein Studio fand, in dem einige aktive Wettkampf-Bodybuilder trainierten, nahm ich (mittlerweile 18) eine zehnmonatige Auszeit vom disziplinierten Lebensstil eines Kraftsportlers und holte alles nach, was ich in den vergangenen vier Jahren durch unseren konsequent auf Leistung ausgerichteten Lebenswandel „verpasst" hatte. Parties, Alkohol und Frauen ließen die Wochen und Monate im Fluge vergehen und kaum hatte ich es mich versehen, war aus dem schneckenfetten 102 kg-Kraftmoppel ohne auch nur einen Tag Diät ein 85 kg-Discopumper geworden. Die Waschtrommel war einem waschechten

*Versucht mal den Satz drei Mal laut und möglichst schnell auszusprechen!

Waschbrett gewichen.* In einem Anflug von Selbsterkenntnis wurde mir zudem noch klar, dass ich mittlerweile in der Schule nur noch meine Zeit und meiner
Lehrer(innen) Energie verschwendete und ich beschloss
die Schule nach Abschluss der 10. Klasse zu verlassen.
Da ich auch nicht motiviert war, eine Ausbildung zu
machen, suchte ich mir einfach einen Helferjob und
fand so meinen ersten Vollzeitarbeitsplatz. Ich war nun
Teil eines dreiköpfigen Teams an der Warenannahme
einer Fleischwarenfabrik. Das Training war in meinem
Leben mittlerweile stark in den Hintergrund gerückt.
Doch das sollte sich bald ändern.
Durch den strukturierten Tagesablauf, den die harte Arbeit in der Lei-
chenverwertung mit sich brachte,
wurde auch mein Training positiv
beeinflusst. Es wurde immer regel-
mäßiger und vor allem ambitionier-
ter. Zeitgleich betreute ich Pierre bei
seinem ersten Bodybuilding-Wett-
kampf, wo er einen hervorragenden zweiten Platz hinter einem gewissen Alexander Dargatz belegte. Ich hatte
natürlich zu dieser Zeit weder eine Ahnung, dass Alexander und ich viele Jahre später Mitstreiter in der Sache der Tierrechte sein würden, noch dass sich auch
unsere persönlichen Wege erneut kreuzen würden. Alles was ich zu dieser Zeit wusste, war, dass mich dieser
Wettkampf und die Körper, die die Teilnehmer auf die
Bühne brachten, sehr inspirierten. Allerdings sah ich
mich selbst keines Wegs als potentieller Teilnehmer an
einem solchen Wettbewerb. Ich liebte es, mit knochen-
brecherischen Gewichten bis zur totalen Erschöpfung
zu trainieren, aber der Vergleich auf der Bühne schien
meiner Natur zu widersprechen. Eigentlich war ich
schon damals prädestiniert für Strongman-Wettkämpfe, allerdings sah ich mich mit meinen 1,71 m körperlich nicht in der Lage, mit den Hünen, die in diesem
Sport antraten und bei einer durchschnittlichen Körpergröße von 1,90 m gern auch mal 180 kg Körpergewicht auf die Waage brachten, zu konkurrieren und so
ließ ich mich schließlich von Pierre überzeugen, es
doch mal im Bodybuilding zu versuchen. Ich gewann
nach einigen Monaten auf Anhieb meinen ersten Wettkampf und belegte bei der Internationalen Deutschen
Meisterschaft eine Woche später den vierten Platz. Nun
hatte ich Geschmack an dem Sport gefunden und da ich
noch ein weiteres Jahr als Junior starten konnte, berei-
tete ich mich nun 12 Monate lang mit dem Ziel, die Internationale Deutsche zu gewinnen auf die darauf folgende Herbstsaison vor. Mein Ziel war es, in der
Mittelgewichtsklasse bis 80 kg zu starten, denn für das
Leichtgewicht bis 70 kg war ich bereits zu muskulös

*So ging ich in meiner
Verzweiflung nach
draußen und begann die
Wiese vor der Veran-
staltungshalle mit mei-
nem Speichel zu taufen*

und in der offenen Klasse über 80 kg waren Leute unterwegs, die mich zum Frühstück wegputzen konnten.
So achtete ich, nachdem ich 20 Wochen akribischer
Wettkampfdiät hinter mich gebracht hatte und wie im
Jahr zuvor beim „Großen Preis von Hessen" meine
Klasse gewinnen konnte, peinlich genau auf mein Gewicht, um bei der Deutschen mit exakt 80 kg auf der
Bühne stehen zu können und so bei ausreichend niedri-
gem Körperfettanteil, ein wie ich hoffte quasi unschlag-
bares Paket, auf die Bühne zu bringen. Ich startete für
das Studio Klock Gießen, das damals noch dem Body-
building-Urgestein der ersten Stun-
de, Walter Klock, gehörte. Alle Athleten trafen sich am Vortag der
Deutschen im Studio und fuhren
dann gemeinsam von dort aus nach
Filderstadt, wo die Deutsche statt-
finden würde. Im Studio wogen wir
uns alle ein letztes Mal und die Waage zeigte bei mir an, dass ich zum
Klassenlimit noch ein Kilo Luft hatte. Also aß ich entsprechend genau so viel von dem Apfel-Zimt-Kuchen,
den mir meine damalige Freundin Katja gebacken hatte, dass ich exakt innerhalb der Klasse bleiben würde,
aber zeitgleich möglichst große Kohlenhydratmengen
zu mir nehmen konnte, um am Folgetag beim Wettkampf eine möglichst volle Muskulatur präsentieren zu
können. Wichtig war dabei, nichts zu trinken, denn
zum einen wollte ich eine möglichst geringe Menge
Wasser im Unterhautgewebe zurückbehalten und zum
anderen, war ich ja bereits gefährlich nah am Gewichtslimit. Als wir schließlich im Hotel ankamen und ich die
Möglichkeit hatte, mich mit der offiziellen Wettkampf-
waage zu wiegen, wurde meine bis dato unversehrte
Siegessicherheit schwer erschüttert. Offenbar waren alle
Gießener Athleten ein Kilo schwerer, als gedacht. Die
Waage im Studio hatte wohl bei uns allen ein Kilo zu
wenig angezeigt. Während aber alle anderen trotzdem
noch in ihrem angestrebten Limit waren, hatte ich so
genau gearbeitet, dass ich nun zwei Stunden vor dem
Wiegen exakt ein Kilo über dem Limit war. Ein Wett-
lauf gegen die Zeit begann. Ich versuchte also mit allen
erdenklichen und teilweise unappetitlichen Methoden,
Gewicht zu verlieren. Leider war aber mein Körper bereits so dehydriert, dass es quasi unmöglich war, noch
irgendetwas an Wasser oder Mageninhalt herauszubekommen. Bei der offiziellen Waage hatte ich immer
noch 900 g zu viel und bekam genau 90 min Zeit, diese
loszuwerden. Aber weder erbrechen, noch abführen,
halfen. Ich hatte mittlerweile zehn Abführdragees eines
Mittels eingenommen, dessen Packungsbeilage eine
Höchstdosis von zwei empfahl. Da ich beim Wiegen

mittlerweile einige der Schwergewichts-Junioren gesehen hatte, wusste ich, was mir blühte und war wild entschlossen, alles zu tun, um nicht über das Gewichtslimit zu rutschen. Es war klar, dass ich im Schwergewicht nicht die geringste Aussicht auf eine gute Platzierung haben würde, geschweige denn auf den Titel. So ging ich in meiner Verzweiflung nach draußen und begann die Wiese vor der Veranstaltungshalle mit meinem Speichel zu taufen, da das der einzige Weg war, der mir noch einfiel, um etwas Gewicht zu verlieren. Als die 90 Minuten schließlich abgelaufen waren stand ich bis auf den Slip entblößt auf der Waage und rutschte mit 300 g Übergewicht, also 80,3 kg, in die nach oben offene Schwergewichtsklasse, wo beispielsweise ein 105 kg schwerer Andreas Frey darauf wartete mich sehr, sehr, alt aussehen zu lassen. Ziemlich geknickt und traurig über den so missglückten Wettkampfstart, zog ich mich in eine Ecke zurück und wartete, bis das Wiegen zu Ende ging. Nach dem Wiegen kehrte unser gesamtes Team mit einigen Offiziellen in einen einschlägigen „Fastfood-Tempel" ein. Während die Offiziellen sich nach Belieben den Bauch vollschlugen, mussten hier die Athleten, die am nächsten Tag starten würden, natürlich zuschauen. Das Salz in dem essen würde die Mühe der vorangegangenen Tage, das Unterhautwasser zu minimieren, vollkommen zunichtemachen und die Form für den kommenden Wettkampf ruinieren. Alle Athleten saßen also brav hungernd und durstend da, während ich mir mit den Offiziellen den Bauch vollschlug. Ich hatte den Wettkampf bereits abgeschrieben und dachte mir, wenn Du schon untergehst, dann mit wehenden Fahnen und viel Getöse. Also versuchte ich, zumindest etwas an Gewicht zuzulegen, um am nächsten Tag nicht als Hänfling neben den Hünen der Schwergewichtsklasse stehen zu müssen. Mein Betreuer schwitzte Blut und Wasser und gab zu bedenken, dass ich meine Form noch retten könnte, wenn ich bis zum Wettkampf möglichst nichts tränke. Mich kümmerte sein gutes Zureden aber nicht mehr. Ich stopfte mich bis zum Anschlag voll und spülte das ganze fettige und salzige Essen mit einem Schoko-Shake herunter. Im Hotel angekommen telefonierte ich mit meiner Mutter und erzählte ihr, wie alles gelaufen war und dass ich maximal einen vierten oder fünften Platz erwartete. Zu guter Letzt erinnerte ich mich noch einmal an die Worte meines Betreuers, bloß nichts zu trinken und setzte eine 1,5 Liter Flasche Cola an, um sie in kürzester Zeit leerzutrinken. Ich aß und trank noch eine ganze Weile weiter, bis irgendwann unser Hauptbetreuer und Nationaltrainer Detlef Herget an die Tür klopfte. Er wollte einen Blick auf meine körperliche Verfassung werfen und natürlich sah ich so voll gefressen nicht mehr sehr an-

nehmbar aus. Ich musste das Posing auch irgendwann abbrechen, weil es plötzlich unglaublich schmerzhaft in meinem Bauch zu rumoren anfing. In der Sekunde, als Detlef das Zimmer verlassen hatte, sprang ich mit einem einzigen Satz in das Bad und auf das Klo, indem ich mich quasi in der Luft meiner Hose entledigte. Was dann kam, war schwer in Worte zu fassen. Ich habe in meinem Leben wenige körperliche Zustände erlebt, die dermaßen furchteinflößend waren wie das. Was war geschehen? Ganz einfach! Die zehn Abführdragees, welche ich im Laufe des Tages zu mir nahm, weil nach wiederholter Einnahme keine Wirkung eingesetzt hatte, hatten in meinem Körper lediglich auf Wasser gewartet, um ihre Wirkung entfalten zu können. Jetzt, wo ich getrunken hatte, entwickelte diese Abführmittelüberdosis eine verheerende Wirkung in meinen Eingeweiden. Ich hatte das Gefühl, es würde mich jeden Augenblick in Stücke reißen. In kürzester Zeit rauschte die zuvor getrunkene Cola durch meinen Körper und ließ mich so schnell, so viel Flüssigkeit verlieren, dass ich kurz davor war, in Ohnmacht zu fallen, weil mein Blutdruck in den Keller rauschte. Nachdem ich mich von diesem Erlebnis erholt hatte, versuchte ich mich wieder aus dem Bad zu retten und machte da weiter, wo ich bevor Detlef gekommen war, aufgehört hatte. Ich aß und trank nach Belieben und vernichtete eine erhebliche Menge des Apfel-Zimt Kuchens zusammen mit vielleicht einem halben Kilo Schokolade, bevor ich selig und vom Zucker völlig „high" im Hotelbett einschlief. Am nächsten Morgen traute ich mich nicht mehr meine Klamotten auszuziehen, da ich jeden Grund hatte, anzunehmen, dass meine nächtliche Orgie die mühsame Arbeit der letzten Wochen zunichte gemacht hatte und so hatte ich keine Ahnung, wie meine Form war, bis Detlef wieder vor meiner Tür stand. Wer das Glück hatte, Detlef Herget einmal kennengelernt zu haben, weiß genau was ich meine, wenn ich sage, dass ich dafür bezahlt hätte, mich jetzt nicht vor ihm ausziehen zu müssen. Egal wie sehr man sich den Arsch aufgerissen hat, um in Form zu kommen, wenn man nicht in absolut perfekter Form vor ihm steht, ist das beste, was man erwarten kann, dass er einem nicht sagt, wie abstoßend er einen findet. Einen derart gnadenlosen und geradezu auf sadistische Weise ehrlichen Kritiker wie Detlef habe ich bis heute nicht mehr getroffen. Gegen ihn wirkt Dieter Bohlen als Jurymitglied wie ein Glücksbärchi auf Opium. So entledigte ich mich also mit zittrigen Fingern meiner Klamotten und baute eine Grundspannung auf. Ich konnte deutlich spüren, dass meine Muskeln deutlich praller und voluminöser als am Vorabend waren. Was ich nicht spüren konnte, war die Tatsache, dass dabei meine Haut papierdünn war und sich die Muskulatur perfekt unter der Haut abzeichnete. Spüren konnte ich es nicht, aber Detlefs Gesichtsausdruck sprach Bände. Seine Kinnlade hing auf Halbmast und nach einigen Sekunden des fassungslosen Dreinschauens fragte er mich, was zum Henker ich eigentlich noch in der Nacht gemacht hatte, um jetzt so auszusehen. Ganz einfach: ich hatte es fertig gebracht, über Nacht 4 kg durch meine Fress- und Sauforgie zuzunehmen. Vermutlich durch den starken Flüssigkeitsverlust den die Abführdragees verursacht hatten, waren aber diese 4 kg genau da gelandet, wo sie sein sollten, nämlich in der Muskulatur und nicht unter der Haut. Meine Haut war also papierdünn, während meine Muskeln unglaublich prall waren. Das war nicht mehr und nicht weniger als die beste Form, die mein Körper zu diesem Zeitpunkt hätte hergeben können. Ich konnte es kaum fassen. Ich hatte es geschafft, Detlef sprachlos zu machen. Das war in dem Moment fast mehr wert, als die spätere Platzierung beim Wettkampf, zumal ich mir trotz meines Glücks, mit der Form, keine großen Hoffnungen auf eine Top-Platzierung machte. Aber immerhin hatte ich jetzt wieder einen Grund, mich auf den Wettkampf zu freuen. Immerhin würde ich, wie ich es mir gewünscht hatte, mit wehenden Fahnen und rauchendem Kanonenrohr untergehen. Die Zeit bis zu meinem ersten Auftritt bei der Vorrunde verflog im Fluge und kaum hatte ich mich versehen, stand ich auch schon mit all den anderen Jungs auf der Bühne. Keiner der anderen Starter im Schwergewicht war weniger als einen Kopf größer als ich. Ich kam mir unheimlich verloren vor, aber davon ließ ich mich nicht weiter erschüttern. Ich versuchte eben aus der Situation das Beste zu machen und poste und lächelte um mein Leben. Bei den Vergleichen wurde ich nur ein einziges Mal, und zwar beim ersten Vergleich, ausgerufen. Den Rest der Zeit stand ich auf dem hinteren Teil der Bühne und wurde mir zusehends sicherer, dass der Wettkampf für mich gelaufen war. Im Finale stand ich direkt neben Andreas Frey, dem schwersten Athleten der Juniorenmeister. Er wog schlappe 20 kg mehr als ich und der Größen- und Gewichtsunterschied zwischen uns muss geradezu grotesk gewirkt haben. Der Wettkampf verging im Fluge und schließlich war es soweit. Zur Siegerehrung war ich sehr aufgeregt und konnte es kaum fassen, dass schließlich bis zu den Top 3 alle Athleten ausgerufen wurden, ohne dass mein Name gefallen war. Super! Ich hatte es also zumindest unter die besten drei geschafft. Ein dritter Platz im Schwergewicht war auch nicht so schlecht, dachte ich mir, als der dritte Platz verkündet wurde.

Ich hatte es mir in den Kopf gesetzt, Psychologie zu studieren. Sport kam für mich nicht in Frage, weil ich meinen Horizont erweitern wollte

Und wieder war es nicht mein Name. Hatten die mich vergessen? Ich konnte es beim besten Willen nicht fassen, dass ich Vizemeister geworden war. Ich stand nun alleine mit dem über 20 kg schwereren Andreas auf der Bühne und es war für mich absolut klar, dass er das Ding in der Tasche hatte. Ich wartete gespannt darauf, meinen Namen zu hören, als es hieß: „Die Entscheidung ist im Finale gefallen und hier unterlag..." Ich wartete auf ein „P" und hörte zu meiner absoluten Fassungslosigkeit ein „A" wie Andreas. Ich war absolut sprachlos. Ich hatte die Schwergewichtsklasse gewonnen! Wenige Minuten später war klar, dass ich mir auch den Gesamtsieg über alle Gewichtsklassen geholt hatte und ich konnte es kaum noch abwarten, zu Hause anzurufen, um allen zu erzählen, was für eine Achterbahnfahrt ich in den letzten 24 Stunden hinter mich gebracht hatte und vor allem, wo die Bahn zum stehen gekommen war. Ich zog aus dem Verlauf des Wettkampfs zwei Lehren, die mir Jahre später zu meinem wohl wichtigsten sportlichen Erfolg verhelfen sollten. Lektion 1: Gib niemals auf, egal wie ausweglos die Lage aussieht! Lektion 2: Manchmal tust Du genau dann das Richtige, wenn alle um dich herum versuchen, dir weiszumachen, dass Du auf dem Holzweg bist. Hätte ich nämlich nicht gegen den Rat meiner Betreuer gegessen und getrunken, dann hätte ich höchstwahrscheinlich keine allzu große Chance auf den Titel gehabt. Natürlich war der unverhoffte Erfolg beim Wettkampf auch rein sportlich eine riesige Motivation, mich künftig noch mehr ins Zeug zu legen und ich versuchte ein Jahr später noch ein vorerst letztes Mal mein Glück, diesmal aber nicht mehr in der Juniorenklasse und belegte einen 9. Platz in der Männerklasse III (bis 90kg). Allerdings zerstörten die Strapazen des Wettkampfs diesmal beinahe mein gesamtes Privatleben und stürzten mich in eine tiefe Sinnkrise, die letztlich dazu führte, dass ich dem wettkampfmäßigen Sport für mehrere Jahre den Rücken kehrte. In dieser Zeit probierte ich verschiedenste Jobs aus. Ich war ein halbes Jahr lang Kassierer an einer Autobahntankstelle, Pizzafahrer und sogar ein Jahr lang UPS-Zusteller. Als ich einmal für mehrere Monate arbeitslos war, habe ich die Zeit genutzt und meine Fitnesstrainerlizenz erworben. Doch schließlich musste ich erkennen, dass nichts, was ich machte, mich persönlich befriedigen konnte. Ich war intellektuell unterfordert und meist Leuten unterstellt, die ich persönlich nicht als Führungspersönlichkeit ernstnehmen konnte. So beschloss ich schließlich, meinen Schulabschluss nachzuholen, um Zugang zu einem Hochschulstudium zu bekommen. Ich hatte es mir in den Kopf gesetzt, Psychologie zu studieren. Sport kam für mich nicht in Frage, weil ich meinen Horizont erweitern wollte und da ich mich nun jahrelang mit dem menschlichen Körper befasst hatte, fand ich es spannend, den Versuch zu unternehmen, den menschlichen Geist zu verstehen. Und so drückte ich für weitere zwei Jahre die Schulbank und holte mein Abitur nach.

In den letzten 18 Monaten dieser Zeit arbeitete ich, etwa 60 km von Fulda entfernt, tagsüber Vollzeit bei Amazon im Versandlager, und verbrachte wochentags alle Abende in der Abendschule. Die Wochenenden verbrachte ich meist zusammen mit Katja im etwa eine Autostunde entfernten Kassel. Wir waren fast jeden Samstag im MT und trafen uns auch sonntags oft mit unserer Grufti-Clique zum Grillen in der Natur. So verging die Zeit im Nu und kaum hatte ich mich versehen, standen auch schon die Abiturabschlussprüfungen an. In dieser Zeit begann bei mir ein Denkprozess, an dessen Ende die Entscheidung stand, Tiere nicht mehr als Lebensmittel anzusehen. Ich bin darauf bereits zuvor im Buch eingegangen und möchte an dieser Stelle lediglich hinzufügen, dass meine damalige Freundin Katja eine wichtige Rolle dabei gespielt hat, mir eine andere Sicht auf Tiere zu ermöglichen. Obwohl ich nämlich in meinem Leben zwar schon immer Tiere geliebt hatte, war mir diese gewisse persönliche Nähe zum nicht-menschlichen Tier immer verwehrt

geblieben. Durch Katja und vor allem durch unsere Haustiere und Pflegepatienten, kam ich der unendlich faszinierenden Welt der Tiere wesentlich näher. Ich lernte, die Welt aus den Augen eines Katers zu sehen, als ich einen winzigen Findling mit Namen Mamusch (den hat übrigens meine Mutter verbrochen) aufnahm und diesen aufzog. Ich lernte die Welt aus der Sicht eines Raben zu sehen, als ein krankes geschwächtes Rabenbaby namens Jackob unser Gast war und ich etwa zwei oder drei Wochen nachdem wir Jackob aufgenommen hatten, fassungslos entdeckte, dass er seinen Namen spre-

chen konnte. Jackob lebte später noch einige Jahre in der Nähe von Katjas Elternhaus. Ich lernte die Welt mit den Augen unserer geliebten Boxerhündin Bonny zu sehen. Bonny verließ uns leider viel zu jung, nachdem sie mit nur 5 Jahren an Krebs erkrankte, aber die Zeit mit ihr hat unwiderruflich Spuren in meinem Herzen hinterlassen. Ich lernte die Welt aber auch aus den Augen eines Igelbabies, das ich von der Straße rettete und das einen Winter über unser Mitbewohner war, kennen und Kaulquappen, Molche und eine Wasserschildkröte waren auch dabei. Bei all der Nähe zu diesen Tieren verstand ich letztlich, wie sehr wir uns alle ähneln und wie unsinnig es ist, zwischen Spezies, die man liebt und Spezies, die man isst, zu unterscheiden. Am Ende dieses Lernprozesses stand die Entscheidung, Vegetarier werden zu wollen. Einige Monate nachdem ich mich zum Vegetarismus entschieden hatte, hatte ich das Abitur in der Tasche und ich begann mein Psychologie-Studium in Marburg. In dieser Zeit begann ich auch, mich erneut für Strongman-Wettkämpfe zu interessieren. Bislang hatte ich mich mit 1,71 m Körpergröße für schlichtweg zu mickrig gehalten, um beim Strongman konkurrenzfähig zu sein. Jetzt entdeckte ich im Internet, dass es wohl mittlerweile eine Leichtgewichtsklasse mit eigener WM und dazugehöriger Wettkampfserie gab. Das Gewichtslimit lag bei 105 kg, was genau meinem zu dieser Zeit aktuellen Körpergewicht entsprach und so beschloss ich, mein Glück in dieser Klasse zu versuchen. Noch im gleichen Jahr holte ich mir den deutschen Rekord im Loglift in dieser Klasse und schon im drauf folgenden Jahr (2007) wurde ich zum ersten Mal Deutscher Meister im Leichtgewicht und durfte zu meiner ersten WM-Teilnahme nach China fliegen, wo ich auf Platz 14 landete. Kurze Zeit vor der WM trennte sich Katja von mir, was sich sehr auf meine Leistung in China auswirkte. Heute sind wir gute Freunde. 2009 holte ich mir erneut den deutschen Leichtgewichtstitel und qualifizierte mich wieder für die WM-Teilnahme, diesmal in der Ukraine. Aber bevor es im Dezember zur

WM gehen würde, machte ich nochmal einen kurzen Abstecher ins Bodybuilding. 9 Jahre nach meinem letzten Bodybuilding-Wettkampf beschloss ich, noch einmal eine Wettkampfdiät zu starten, um zu sehen, was sich unter dem Speck, den ich mir in den letzten Jahren angefuttert hatte, befand.

Genau zu dieser Zeit lernte ich auch Katy kennen, sodass sie das Vergnügen hatte, die Metamorphose, die eine Bodybuilding-Wettkampfdiät mit sich bringt, mitzuerleben. Ich rede jetzt nicht von der körperlichen, sondern von der seelischen Verwandlung. Nämlich von einem ausgeglichenen, etwas übergewichtigen Kraftsportler in ein vor Hunger nur noch mies gelauntes nervliches Wrack. Tatsächlich war Katy so von meinem Martyrium auf dem Weg zu unter 6% Körperfettanteil beeindruckt, dass Sie drohte, mich zu verlassen, falls ich je wieder ins Auge fassen würde, im Bodybuilding zu starten. Allerdings war dieser Ausflug ins Bodybuilding für mich ohnehin nur eine einmalige Sache. War es mir doch eh nur darum gegangen, zu sehen, ob ich eine Wettkampfdiät nach so vielen Jahren noch durchstehen würde und nicht, um die eigentlichen Wett-

Mit Katy bei der Amateur-WM in Columbus Ohio

kämpfe. Falls sich jetzt der ein oder andere fragt, was an einer Wettkampfdiät so schlimm sein soll, will ich an dieser Stelle kurz auf das Trainingspensum der letzten vier Wochen vor dem ersten Wettkampf eingehen. In dieser Zeit habe ich morgens und abends jeweils für

eine Stunde mein Krafttraining absolviert und jeweils danach zwei Stunden Cardio, was insgesamt ein tägliches Trainingspensum von sechs Stunden ergibt. Dazu kam dann noch die Tatsache, dass ich in dieser Zeit bereits sämtliche Kohlenhydrate gestrichen hatte und auch nur eine kleine Menge an Fett zu mir nahm, so dass meine Diät fast nur noch aus Eiweiß bestand. Das ist natürlich weder gesund, noch macht es glücklich. An dieser Stelle sei noch erwähnt, dass die Wettkampfdiät genau in die Zeit fiel, in welcher ich meine Ernährung vorübergehend auf Mischkost umgestellt hatte. Ich bin wegen dieser Tatsache heute noch sehr unglücklich, da ich gerne gezeigt hätte, was für eine Form mit einer veganen Diät möglich wäre. Leider habe ich aber Katy versprochen, mir das nie wieder anzutun und die Gültigkeit meines Wortes ist mir eine Ehrensache. Ich bin jedenfalls fest überzeugt, dass eine vegane Diät, auch was die Reduktion des Körperfettanteils angeht, die besten Ergebnisse bringen würde. Jedenfalls liefen die Wettkämpfe mehr schlecht als recht und ich landete stets auf den hintersten Rängen, was mir letztlich aber egal war, weil ich am Ende der Saison bei der Internationalen Deutschen Meisterschaft meine bis zu diesem Zeitpunkt beste Form auf die Bühne brachte und das war mein eigentliches Ziel gewesen.

Nur drei Wochen, nachdem ich knapp unter 90 kg auf der Bodybuilding-Bühne gestanden hatte, ging es zusammen mit Katy nach Kiew zur Strongman-Leichtgewichts-WM. Ich war noch nicht ganz der, der ich vor der Mörderdiät gewesen war und so reichte es leider nur zu einem 9. Platz. Das sollte für mich der letzte Wettkampf im Leichtgewicht gewesen sein. Nachdem ich mir schon zuvor in diesem Jahr den Leichtgewichts-Weltrekord im Loglift geholt hatte und später dann meinen zweiten Deutschen Strongman-Titel, fühlte ich mich reif für einen Versuch im Schwergewicht und mein erster Wettkampf im Schwergewicht war dann auch gleich mal die Amateur-WM in den USA. In einem Feld von über 50 Athleten reichte es immerhin für einen 23. Platz, was für den ersten Wettkampf in der neuen Gewichtsklasse ok war. Was mich motivierte, war die Tatsache, dass ich hier alle meiner Konkurrenten aus dem Leichtgewicht, die sich noch wenige Monate zuvor in Kiew vor mir platziert hatten, schlagen konnte. Ich war also auf dem richtigen Weg.

In diesem Jahr (2010) trat ich dann folglich auch bei der Deutschen im Strongman, wieder im Schwergewicht, an und konnte mir auf Anhieb den Vizetitel holen und obwohl ich am Ende hinter Igor Werner nur Zweiter wurde, konnte ich weite Teile des Wettkampfs klar dominieren, sodass spätestens jetzt für mich klar war, dass ich früher oder später auch den Schwergewichtstitel würde holen können. Im darauf folgenden Jahr war ich fest entschlossen, nichts mehr zwischen mich und den Titel kommen zu lassen. Ich arbeitete mich Schritt für Schritt vorwärts bis zum letzten Qualifikationswettkampf. Der Wettkampf lief für mich, mit Ausnahme des LKW-Ziehens, toll. Dann, bei der vorletzten Disziplin, dem Wheel-Flip, passierte es. Gleich beim ersten Flip spürte ich einen stechenden Schmerz in der rechten Wade, der sich anfühlte wie ein starker Stromschlag. Ich hielt das Ganze für einen Krampf und brachte die Disziplin noch zu Ende und konnte sogar das Duell gegen Daniel Wildt, meinen Hauptkonkurrenten gewinnen. Erst Minuten nach der Disziplin wurde mir dann klar, was passiert war. Ich hatte mir einen Riss im Wadenmuskel zugezogen und konnte kaum noch laufen. Die Wade schwoll minütlich mehr

„Die stärksten Tiere sind Pflanzenfresser: Gorillas, Büffel, Elefanten und Ich."

PFLANZEN FRESSER

Patrik Baboumian
„Stärkster Mann Deutschlands" **PeTA** stoppt tierquälerei!

und mehr an und ich konnte die letzte Disziplin nur noch unter großen Schmerzen abschließen. Immerhin konnte ich trotz der Verletzung noch einen vierten Platz retten und fuhr ziemlich geknickt nach Hause. Die Verletzung war so schon ärgerlich genug, aber nur drei Wochen vor der Deutschen Meisterschaft, bedeutete sie nichts anderes, als dass meine Chancen auf den Titel gegen Null zusammengeschrumpft waren. Ich konnte am nächsten Morgen kaum noch laufen und schleppte mich unter Mühen zu meiner Hausärztin, die mich zum Physiotherapeuten im gleichen Haus weiterreichte. Nun war ich fast täglich bei Nico (so hieß der Therapeut) und machte Tag für Tag kleine Fortschritte. Obwohl ich nicht das Gefühl hatte, mir auch nur die geringste Hoffnung auf den Titel machen zu können, arbeitete ich täglich weiter an der Vorbereitung. Ich hatte 12 Jahre zuvor bei meinem Juniorengesamtsieg im Bodybuilding gelernt, dass man nie die Hoffnung aufgeben soll und das der Triumph manchmal genau dann am nächsten ist, wenn die Situation gerade am ausweglosesten scheint. Ich trainierte um die Verletzung herum. Ich konnte mich unter anderem beim Loglift nicht mehr nach dem Baumstamm bücken, also legte ich den Stamm auf zwei alte Waschmaschinen und setzte ihn von dort aus um. Videos davon kann man sich auf meine YouTube Kanal ansehen. Da ich weder laufen, noch

mich zu einer Kniebeuge bücken konnte, trainierte ich die Beine mit Minikniebeugen mit dem Yoke. Drei Tage vor dem Wettkampf war ich dann tatsächlich in der Lage, wieder normal zu laufen. So reiste ich also in Waging am See an und war bereit, einen wenig hoffnungsvoll erscheinenden Kampf um die deutsche Strongman-Krone aufzunehmen. Am Morgen des Wettkampfs setzte ich mich ins Auto und fuhr nach Traunstein, um noch einige Besorgungen zu machen. Schon während der Autofahrt hatte ich ein schwer in Worte zu fassendes Gefühl von Zuversicht, dass mich den ganzen Tag nicht verlassen sollte. Dann war es schließlich soweit. Mein Name wurde bei der Athletenvorstellung ausgerufen und der Spaß konnte seinen Lauf nehmen. Wie gewohnt, konnte ich den Loglift mit geringem Energieeinsatz für mich entscheiden. Auch bei den übrigen Disziplinen lief es, bedachte man den Zustand meiner Wade, nicht schlecht. Am Ende war ich mit vier Punkten Rückstand auf Daniel auf dem zweiten Platz und es war nur noch eine Disziplin zu absolvieren: die Atlasstones. Das sind mehrere Betonkugeln von 130 kg-170 kg Gewicht, die so schnell wie möglich auf eine Plattform gehoben werden müssen. Die Stones waren Daniels beste Disziplin und meine schlechteste. Allerdings hatte ich es in der Vergangenheit bereits einmal geschafft, ihn im Regen bei genau dieser Disziplin zu schlagen und es regnete, als wir zum finalen Zweikampf antraten, in Strömen. Ich wusste genau, dass ich jetzt, wie schon 12 Jahre zuvor beim Bodybuilding, um mein Leben kämpfen musste und genau das tat ich. Und als sich der Rauch auf dem Schlachtfeld gelegt hatte, war klar, dass mir das fast Unmögliche gelungen war. Trotz meiner Verletzung und trotz des erheblichen Rückstands war es mir gelungen, mich bei meiner eigentlich schlechtesten Disziplin auf Platz zwei zu kämpfen und somit in der Gesamtwertung mit zwei Pünktchen Vorsprung den ersten Platz zu belegen. Ich war der Stärkste Mann Deutschlands 2011.

Noch am Wettkampftag veröffentlichte ich folglich folgendes auf meinem Blog: „After being LW champion in 2007 and 2009 and HW vice-champion in 2010, I finally hold the German crown in strength sports in my hands. It was a very hard battle in the rain and I had to fight against my injured calf as well but at the end I was victorious! Now I have proven finally, that being vegetarian makes you a better athlete!" Was ich nicht wissen konnte, war, dass dieser Post mein Leben verändern würde und mich innerhalb kurzer Zeit in die Lage versetzen würde, viele Menschen durch das was ich tat, zu inspirieren. Zunächst zitierten verschiedenste Blogger weltweit meinen Post mit dem Hinweis auf den letzten Satz. Das ging so weit, dass auch die nationalen Medien hier in Deutschland Wind von dem starken Körnerfresser bekamen. Plötzlich begann ein großer Medienrummel mit Berichten über mich im FOCUS, der BILD und ich war Gast im Sat1-Frühstücksfernsehen und vielen anderen TV-Formaten, sodass ich Zugriff auf ein Millionenpublikum hatte. Ohne richtig zu kapieren, was ich damit bewirken konnte, tingelte ich von einer Show zur nächsten und sprach über meine Gründe, fleischfrei zu leben und meine Pläne vegan werden zu wollen. Zugleich arbeitete ich mit PETA an der Pflan-

ge-Kraftsportler mit Migrationshintergrund zu sehen und konnte so doch letztlich einen spürbaren Beitrag dazu leisten, das gesellschaftliche Bild des typischen Veganers zu verändern.

Wichtig dabei war die Tatsache, dass ich nicht allein dastand in der Medienlandschaft. Zusammen mit mir gab es verschiedene Köche, wie etwa Björn Moschinski, die zeigen, dass vegan leben nicht nur gesund ist und man vegan auch richtig stark werden kann, sondern dass die vegane Ernährung auch einfach unheimlich lecker ist und vegan zu sein, eben keinen Verzicht, sondern die Wiederentdeckung tausender kulinarischer Ideen und Möglichkeiten durch die Erweiterung des eigenen kulinarischen Horizonts darstellt. Ich konzentrierte mich dabei darauf, den Menschen zu erklären, wie man problemlos seinen, in meinem Fall ja sogar stark erhöhten, Bedarf an Protein, Energie und Mikronährstoffen durch eine ausgewogene vegane Ernährung decken kann.

zenfresser-Kampagne, mit der ich auf ungezwungene und humorvolle Weise für die vegane Ernährung werben wollte. Durch die Zusammenarbeit mit PETA und unsere sehr erfolgreiche Pflanzenfresser- Kampagne potenzierte sich das Medieninteresse noch einmalund ich war nun fast wöchentlich in irgendeiner Fernsehsendung als pflanzenessender, studierender Vorzei-

Dabei musste ich zunächst noch lernen, wie man sich gegen das Zerrbild, das einem die Medien durch ihre geraffte Form der Präsentation aufzwingen, wehrt und dafür sorgt, dass die eigenen Aussagen nicht verfälscht wiedergegeben werden. Als Beispiel sei hier eine Facebook-Konversation erwähnt, in deren Folge eine Person feststellte, dass ich ohnehin bald kein Thema mehr in der öffentlichen Debatte um den Sinn einer veganen Ernährung spielen würde, da ich mich ja hauptsächlich von Haferflocken ernährte und das eh auf kurz oder lang dazu führen müsste, dass ich tot umfalle. Einerseits war es amüsant, sowas zu lesen, andererseits machte es mich auch nachdenklich. Da ich erkennen musste, mit welcher kindlichen Naivität manche Leute das für bare Münze nahmen, was bei manchen TV-Sendungen über mich gesagt wurde. Mir wurde klar, dass ich eine besondere Verantwortung übernehmen musste, dafür zu sorgen, dass die Medien kein Zerrbild von mir als Teil der veganen Bewegung transportierten, um letztlich nicht der Sache zu schaden, die ich eigentlich vorantreiben wollte.

In meinem ersten veganen Jahr konnte ich dann zahlreiche sportliche Erfolge vorweisen. Zwar missglückte mir die Titelverteidigung bei der Deutschen im Strongman, aber dafür konnte ich mir den Europameistertitel im Powerlifting (GPA) und gleich zwei Weltrekorde im Keglift und im Fronthold holen. 2013 nahm ich mir dann einen besonderen Weltrekord vor. Ich wollte den schwersten Lauf im Yoke-Walk absolvieren, den je ein Athlet weltweit gemacht hatte. Dazu kontaktierte ich die drei großen internationalen Verbände im Strongman und versuchte herauszubekommen, was das bislang schwerste bewegte Gewicht beim Yoke sein würde. Am Ende konnte ich herausbekommen, dass das schwerste je verwendete Gewicht zwischen 500 kg und 544 kg gelegen hatte. Ich nahm mir also vor, ein Gewicht von 555 kg anzuvisieren und damit mindestens 11 kg über dem bisher schwersten Yokelauf zu landen. Der Plan sah vor, den Rekord offiziell auf dem Vegan-Vegetarischen-Sommerfest 2013 auf dem Alexanderplatz in Berlin anzugehen. Eine Woche vor dem anvisierten Termin schaffte ich es, erstmals das Gewicht im Training über eine Strecke von 5 m zu tragen. Da es mir nicht möglich war, zum geplanten Termin einen offiziellen Kampfrichter für die Abnahme des Rekordes zu bekommen, änderte ich kurzerhand den Plan und verschob den offiziellen Rekordversuch um eine Woche, sodass sich der Schauplatz von Berlin zu Toronto änderte. Ich war nämlich eine Woche nach dem Vegan-Vegetarischen Sommerfest in Berlin in Toronto auf dem Vegetarian-Food-Festival, um dort als Protagonist an der Doku „Game Changers" über männliche vegane Athleten zu arbeiten. Da mich die Produktion der Doku ohnehin gebeten hatte, eine nette Aktion zu machen, um die Medien für unser Vorhaben zu interessieren, beschloss ich, den Rekordversuch einfach nach Toronto zu verlegen. So wurde der Versuch in Berlin nur ein inoffizieller Weltrekord und ich musste in Toronto noch

einmal ran. Leider hatte ich in Kanada mit erschwerten Bedingungen zu kämpfen. Zunächst mal musste ich ein fremdes Yoke verwenden, was die Sache etwas unberechenbar machte, da sich jedes Yoke, je nach Bauart, etwas anders verhält und kleine Unterschiede, wenn man im Grenzbereich arbeitet, schnell zu gravierenden Stolpersteinen werden können. Zu allem Überfluss stellte sich am Vortag des Versuchs noch heraus, dass sich das Yoke nicht auf meine Größe einstellen ließ. Ich musste das Yoke entweder etwas zu hoch oder etwas zu niedrig einstellen. Zudem war die Bühne gummibeschichtet und dadurch weich, was für einen so schweren Yokelauf absolut tödlich war, weil dadurch bei jedem Schritt kleine Schwingungen entstehen, die sich auf das Yoke übertragen und so den Versuch extrem erschweren. Aber an all diesen Dingen konnte ich nun mal nichts ändern. Was jetzt zählte war, dass sich vor der Bühne mehrere tausend Menschen versammelt hatten, die sehen wollten, wie ein veganer Sportler die schwerste je von einem Menschen auf diese Art getragene Last bewegt und so einen Eintrag ins Guinnessbuch erhält und ich hasse es, meine Freunde und Fans enttäuschen zu müssen! Also war klar, dass ich das Ding irgendwie machen würde und wenn ich dabei zugrunde ging, ich würde das Baby ins Ziel bringen. Kurz vor dem Versuch- mein gesamter Körper stand unter Strom. Normalerweise versuche ich, so ruhig wie möglich vor einem Versuch zu sein und gehe gerade Maximalversuche fast schon meditativ an. Aber an diesem Tag brauchte ich Energie und so bat ich das Publikum, mir lautstark zu der richtigen Stimmung für das mörderische Vorhaben zu verhelfen. Es war, als hätte man einen Schalter umgelegt. Die Lautstärke vor der Bühne nahm exponentiell zu. Ich hatte das Gefühl, dass jeder dieser Menschen hinter mir stand und mich durch die zehn Meter ins Ziel peitschen würde. In diesem Moment setzte die Musik ein. Durch das Soundsystem der Bühne dröhnten die ersten Takte von „Voice of the Voicless" von „Heaven Shall Burn" und ich war im Tunnel. Ab diesem Moment bekam ich nicht mehr mit, was um mich herum passierte. Ich ging unter das 555 kg Eisengestell in Position und holte nochmal tief Luft. Ein letztes Mal, bevor 555 kg auf meinen Schultern und der Druck des Gewichtes das Atmen nahezu unmöglich machen würden. Meine Hände griffen rechts und links an die Stahlbeinen des Yoke und ich ging noch einmal sicher, dass mein Nacken genau in der Mitte des verbindenden Stahlrohrs der Konstruktion das Yokes berührte. Ich ging auf Spannung und der Druck auf meinen Nacken erhöhte sich gewaltig. Schließlich baute sich der Druck über die gesamte Schulterbreite auf und das Stahlungetüm verließ den Boden. Augenblicklich musste ich sicherstellen, dass das schwere Gerät nicht zu sehr ins Schwanken kam, da ich es von Start bis Ziel nur einmal absetzen durfte und das Schwanken dazu führen könnte, dass ich stolperte und versehentlich absetzen musste. Ich fühlte mich nach einer Sekunde, die sich wie Minuten anfühlte, sicher genug um den ersten Schritt zu wagen. Meine Schritte waren kurz und extrem abgehackt, da ich weiterhin um jeden Preis verhindern musste, zu Stolpern. Jeder Schritt fühlte sich an, als würden meine Schienbeine im nächsten Augenblick brechen, aber das kannte ich ja mittlerweile lange genug, um es zu ignorieren. Insgesamt hatte ich einen sehr guten Start und die ersten Meter fühlten sich leichter an, als erwartet. Nur war das Yoke durch den Gummiboden extrem schwer zu kontrollieren und ich drohte immer wieder zu stolpern, was schließlich etwa auf halber Strecke auch passierte. VERDAMMT! Schoss es durch meinen Kopf. Somit war mein „Joker" verbraucht und ich MUSSTE den Rest der Strecke ohne Absetzen schaffen, um den Versuch gültig zu bekommen. Ich dachte an all die Leute, die so viel Arbeit in die Organisation des Rekordversuchs gesteckt hatten. Ich dachte an das Publikum, das mich noch immer frenetisch anfeuerte. Ich dachte an die Milliarden von Tieren, die in der Todesmühle der Tierindustrie tagtäglich Qualen durchstehen müssen und für die ich mit dem Rekord ein Zeichen setzen wollte. Und ich fühlte mich plötzlich unglaublich verletzlich und unsicher. Ich hatte das Gefühl, unter der Verantwortung zusammenzubrechen. Versagensangst machte sich in meiner Brust breit, doch nur für einen Sekundenbruchteil, denn den ohrenbetäubende Lärm des Publikums den ich jetzt wieder hören konnte fegte alle Zweifel aus meinem Kopf und ich stemmte mich erneut gegen das Gestell. Das Yoke hob ab und ich setzte einen tonnenschweren Fuß vor den anderen und kam der Zielmarkierung unaufhaltsam näher. Ich war in diesem Augenblick wie ein tollwütiger Berserker, der weder Freund noch Feind kennt und alles, was ihm im Weg ist, zerschmettert und sich seinen Weg in Richtung Ziel erkämpft. Das Yoke wackelte immer noch wie verrückt, aber ich war zu aufgeputscht, um darauf noch Rücksicht zu nehmen. Aber sieben bis zehn Schritte vor dem Ziel wurde mein Lauf erneut abgebremst. Das Gewicht hatte sich nun so über meine Lunge gelegt, dass meine Atemmuskulatur nicht mehr dagegen ankam. Ich spürte, dass ich nur noch wenige Sekunden würde aushalten können und wenn ich es noch ins Ziel schaffen wollte, musste ich unbedingt schneller werden, aber das würde das Risiko eines erneuten ungewollten Absetzens erhöhen. Ich entschied, dass ich das Tempo beibehalten würde, trotz der Gefahr vor dem Ziel zusammenzubrechen. Und so wurde mir wenige Schritte vor

dem Ziel schwarz vor Augen und ich sah nur noch einen kleinen Anteil dessen, was vor mir geschah, wobei am Rand meines Sichtfeldes immer wieder kleine Sternchen aufblitzten. Quasi am Rande der Ohnmacht setzte ich schließlich den letzten und entscheidenden Schritt und beförderte das Eisen mit Schwung über die Ziellinie. Es war geschafft. Ein unglaubliches Glücksgefühl schaffte sich Raum in meiner Brust und eine unendliche Erleichterung holte mich aus dem Tunnel meiner Gedankenwelt wieder in die Realität. Erst jetzt bemerkte ich, dass das Publikum mittlerweile komplett am Ausrasten war. Leute kamen von allen Seiten des Geländes herbeigerannt, um zu sehen was los war. Ich sah ein paar Leute weinen. Und auch meine Helfer auf der Bühne waren außer Rand und Band. Nachdem ich mich meines Gürtels entledigt hatte, fiel mir James Wilks, der den Versuch moderiert und mich die ganze Zeit angefeuert hatte, in die Arme. Ich riss ihm das Mikro aus der Hand, drehte mich zum Publikum und brüllte atemlos „VEGAN POWER". Da das Publikum keine Anstalten machte, sich zu beruhigen, hatte ich etwas Zeit, wieder zu Atem zu kommen und nutzte daraufhin die Gelegenheit, noch ein paar Worte an das Publikum zu richten. Ich bedankte mich und teilte meine Gefühle mit, meine Angst zu versagen und den körperlichen Schmerz. Dann holte ich etwas aus und erzählte in Kurzform, wie ich dazu gekommen war, meinen Sport zu nutzen, um den Veganismus zu verbreiten und was mich motivierte, weiterzumachen. Schließlich bat ich das Publikum, meine Botschaft raus in die Welt zu tragen und überall auf der Welt die Worte „VEGAN POWER" erschallen zu lassen. Mit diesen Worten nahm ich einen Becher Wasser in Empfang und verließ die Bühne. Hinter der Bühne warteten bereits viele Leute darauf, ein paar Worte mit mir zu wechseln und ich gab mir Mühe, mir für jeden etwas Zeit zu nehmen. Es war toll. All die Mühe, die ich in den Rekordversuch gesteckt hatte, kam nun in Form von Liebe von den Leuten zurück. Außerdem war es Wahnsinn zu sehen, woher die Leute alle zusammengekommen waren. Ich bekam jedenfalls die Gelegenheit, Deutsch, Armenisch, Persisch und Englisch zu sprechen.

Die nächsten Tage waren von Dreharbeiten geprägt. Wir fuhren raus aufs Land und besuchten einen kanadischen Gnadenhof, wo mehrere Dutzend sogenannte Nutztiere ihren Lebensabend verbringen durften. Es war schön, etwas Zeit mit den Tieren verbringen zu können und vor allem ein willkommener Kontrast zu dem sonst so hektischen Drehalltag. Wir drehten ebenfalls Material in Toronto Downtown und einem veganen Restaurant. Als ich schließlich nach einer ewigen Reiserei in meinem Flieger nach Deutschland saß, hatte ich Zeit, etwas über all das, was passiert war, nachzudenken und einige Gedanken in meinem Kopf neu zu ordnen. Ich war sehr dankbar, dass ich durch meinen Sport so viel hatte bewegen können. Die Berliner Zeitung (400.000 Leser) hatte über den inoffiziellen Rekordversuch in Deutschland berichtet und über meine vegane Ernährung geschrieben, die auflagestärkste Zeitung Kanadas, die Toronto Star (2.000.000 Leser), hatte mich auf Seite 3 gesetzt und war ebenfalls auf meinen Veganismus eingegangen. Die Muscle und Fitness (7.000.000 Leser weltweit) hatte mich in ihrer Onlineversion mit Hinweis auf den Rekordversuch und meine vegane Ernährung erwähnt und in sozialen Netzwerken wurde die Meldung ebenfalls millionenfach weitergegeben. Einerseits war das ein tolles Gefühl, so viel bewegen zu können, andererseits machte mir die Verantwortung, die ich mit meiner dominanten Rolle als Fürsprecher eines veganen Lebensstils hatte, auch Angst. Ich empfand meine Situation gleichzeitig als großen Segen und ebenso als große und schwerwiegende Bürde. Und es waren nicht nur die Nachwehen des schweren Yoklaufes, die nun auf meinen Schultern lasteten. Doch ich hatte nicht lange Zeit, mich diesen Gedanken hinzugeben. Wenige Tage nachdem ich zu Hause angekommen war, musste ich bereits meine Reise zum VegFest nach London vorbereiten, wo ich zum ersten Mal einen kompletten Vortrag in englischer Sprache halten würde und dies galt es vernünftig vorzubereiten. Auch die zwei Tage in London vergingen im Nu und auch nachdem ich von dort zurück war, ging es sofort an die Vorbereitung der nächsten Reise, nämlich meiner ersten Reise überhaupt nach Armenien, der Heimat meiner Vorfahren und diese Reise sollte mir in verschiedenster Hinsicht die Augen öffnen und letztlich zu dem Gedanken führen, der der Auslöser für das Verfassen dieses Kapitels war.

Der Grund meiner Reise war mein Versuch, Spenden für die Renovierung der schwer baufälligen Turnhalle einer Schule in dem Dorf Arteni, weit außerhalb von Yerevan , inmitten einer kargen Stein und Felsenlandschaft zu sammeln. Diese Wohltätigkeitsreise gab mir zugleich die Chance, etwas über meine eigenen Wurzeln zu erfahren und veränderte meine Beziehung zu meiner eigenen Familie nachhaltig. Indem ich die armenische Kultur besser verstand, verstand ich plötzlich auch vieles in Bezug auf meine Mutter, was mir zuvor rätselhaft erschienen war und vieles, was ich ihr zuvor vorgeworfen hatte, wurde für mich jetzt verständlich. Diese Erkenntnisse waren für mich emotional extrem tiefgreifend, da ich sehr an meiner Mutter hänge und der festen Überzeugung bin, dass sie die beste Mutter der Welt überhaupt ist und ich ihr zuvor nie meine Gefühle so zum Ausdruck bringen konnte, wie sie es eigentlich verdient hätte. Auch wurde mir einmal mehr klar, wie wichtig mir meine Beziehung zu Katy ist und ich musste erkennen, dass ich den wichtigsten Menschen in meinem Leben, der all das was ich geschafft und bewirkt hatte in den letzten Jahren sträflich vernachlässigt hatte. Doch nicht nur das. Ich hatte nicht nur meine Liebsten vergessen, sondern letztlich auch mich selbst. Ich hatte schon früh nach meinem Titelgewinn bei der Strongman DM in 2011 erkannt, welche wichtige Rolle ich bei der öffentlichen Diskussion um den Veganismus spielen konnte und ich war völlig in dieser Rolle aufgegangen, ohne jede Rücksicht auf mein eigenes Leben. Ich hatte seitdem kaum noch Freizeit. Ich hatte sämtliche meiner anderen Interessen aus meinem Kopf gestrichen und war nur noch der vegane Vorzeigesportler. Dazu muss ich sagen, dass ich auch schon vor 2011 durch die dominante Rolle des Sports und damals noch meines Psychologiestudiums, mich selbst mehr und mehr vernachlässigt und schließlich fast schon vergessen hatte. Mittlerweile war ich aber durch den extremen Fokus auf den Sport und meine Rolle in der Öffentlichkeit zu einer Karikatur meiner Selbst verkommen und jetzt wo ich endlich die Augen geöffnet hatte, war ich sehr traurig darüber. Denn einerseits konnte ich ja selbst problemlos etwas an der Situation ändern, andererseits wollte ich mich aber auch nicht einfach aus der Verantwortung stehlen. Und so begann ein tagelanger innerer Kampf mit mir selbst, an dessen Ende eine Entscheidung stand. Jetzt wo ich gerade diese Zeilen in die Tastatur meines Rechners tippe, liegt diese Entscheidung bereits 3 Tage zurück und ich habe beschlossen euch vor Veröffentlichung des Buchs nichts darüber zu verraten. Es ist mir nämlich wichtig, dass ich Zeit und Raum habe, meine Entscheidung zu begründen und den Hintergrund dieser darzustellen. Das habe ich mit diesem Kapitel versucht. Es ist nach 20 Jahren meines Lebens Zeit, dem wettkampfmäßigen Kraftsport Adé zu sagen. Ich werde deshalb weder mein geliebtes Training noch meine Tierrechtsarbeit aufgeben, nur glaube ich dass ich der Sache als Sportler alles gegeben habe, was ich zu geben hatte. Es wird Zeit, auch meine anderen Talente der Sache der Tiere zu widmen. Meine Kreativität, mein Intellekt, meine Redegewandtheit und meine emotionale Leidenschaft für die Sache lechzen danach, entfesselt zu werden, ohne von der Dominanz meiner Person als Sportler überschattet zu werden. Ich hoffe, Du lieber Leser, bist jetzt nicht enttäuscht und folgst mir auch weiterhin auf meinem Weg zu neuen Ufern und hoffentlich einer besseren Zukunft für alle Bewohner dieses wunderbaren Planeten!

Unsere Bestimmung als Hüter der Erde

In vielen Kulturen wird der Löwe als der König der Tiere bezeichnet. Es ist klar, dass wenn man das Tierreich als Hofstaat begreifen will, dann nicht der Löwe sondern der Mensch als König anzusehen ist. Wir sind unumstritten die Herrscher dieser Welt. Doch was für eine Art von Herrschaft führen wir? Ist der Mensch ein guter König? Was zeichnet einen guten König aus? Ein guter König sieht sich selbst als Hüter seines Reiches. Er erkennt an, dass seine Macht auch große Verantwortung birgt und handelt entsprechend. Ein König der seine Macht rücksichtslos aus-

nutzt, um auf Kosten seines Volkes seinen Willen durchzusetzen, ist ein Tyrann.

Wollen wir diese Welt tyrannisieren oder wollen wir sie hüten und die Wunden, die unsere Vorgängergenerationen der Welt beigebracht haben heilen? Sind wir Fluch oder Segen? Entscheide Du selbst! Jetzt und jeden weiteren Tag in deinem Leben!

FAQ

In dem nun folgenden Abschnitt habe ich eine kleine Sammlung von Fragen, die mir in den letzten zwei Jahren häufiger gestellt worden sind, mit den dazugehörigen Antworten zusammengetragen. Viel Spaß beim Schmökern!

Eiweiß spielt in der Ernährung bei Kraftsportlern eine wichtige Rolle. Ist der gesteigerte Proteinbedarf vegan überhaupt zu erreichen oder musst Du irgendwelche Einschränkungen akzeptieren?

Mein Proteinbedarf lässt sich problemlos über pflanzliche Quellen wie z.B. Hülsenfrüchte, Nüsse, Produkte aus Soja wie Tofu oder Sojamilch, decken. Eine rein pflanzliche Ernährung bietet eine Reihe von Vorteilen gegenüber der gemeinen Mischkost. Sie ist für den Körper leichter aufzuschlüsseln und bei ihrer Verstoffwechselung treten weniger belastende Nebenprodukte auf. Da viele tierische Proteinquellen den Säure- Basen- Haushalt negativ beeinflussen, ist auch hier eine rein pflanzliche Kost überlegen. Wichtig ist, dass man darauf achtet, alle Mikro- und Makronährstoffe in ausgewogenem Verhältnis zuzuführen.

Ich höre immer wieder, dass tierische Proteinquellen den pflanzlichen überlegen sind. Stimmt das denn nicht?

Die Fachmedien in dem Bereich transportieren einfach sehr massiv die Fehlinformation, dass tierisches Eiweiß dem pflanzlichen überlegen und für optimalen Muskelaufbau nötig sei. Ich hatte beispielsweise vor einiger Zeit mit Medien Kontakt aufgenommen, um einen Artikel über meine Ernährung zu machen. Das ganze wurde dann blockiert, mit der Begründung, dass man nicht erst 20 Jahre lang eine Ernährung mit viel tierischem Eiweiß propagieren könne, um dann den Leuten zu erzählen, dass ich quasi existiere. Das ist erschreckend, aber so ist es. Das hängt einfach damit zusammen, wie sich diese Medien finanzieren. Im Endeffekt hat man auf jeder zweiten Seite eine Anzeige für Molkeprotein-Konzentrate und da kann man den Leuten nicht erzählen, dass sie das gar nicht brauchen, um „Muckis" zu bekommen. Es ist ja nicht so, dass Medien eine Lehrmeinung transportieren. Medien filtern aus ganz vielen Informationen, die in der Welt existieren, einige heraus und geben das dann wieder, welche Informationen im Filter hängen bleiben, das wird natürlich auch durch wirtschaftliche Interessen dieser Medien entschieden. Wenn man sich mit Ernährungsphysiologen und anderen Fachleuten unterhält, merkt man, dass mittlerweile schon ganz viele Leute eine wesentlich differenziertere Meinung zu dem Thema haben. Es gibt zwar auch gewisse Vorteile, die tierische Nahrungsmittel haben, aber wenn man sich alles insgesamt anguckt, stellt man fest, dass für den Körper physiologisch eine pflanzliche Kost besser ist. Vor allen Dingen, wenn man mit in die Rechnung aufnimmt, auf welche Art und Weise wir heutzutage leben. Eine momentan relativ florierende Strömung ist ja die sogenannte Paläodiät, also die Steinzeitkost. Es leuchtet natürlich ein, wenn man sagt, wir geben dem Körper das, worauf er eigentlich von Natur aus programmiert ist. Aber dann müssen wir den Körper auch so behandeln und mit ihm das machen, wofür er von Natur aus programmiert ist, nämlich rausgehen in den Wald, rumrennen, auf Bäume klettern und so weiter. Das macht heutzutage niemand und insofern ist diese Diät schon von Anfang an sozusagen ein Denkfehler. Zudem stützt sich Paleo auf eine Reihe wissenschaftlich nicht haltbarer Prämissen.

Aber stimmt es dann nicht, dass der Fleischverzehr bei der Entwicklung unserer Vorfahren eine große Rolle gespielt hat? Stichwort Gehirnentwicklung?

Die „Fleisch-Gehirn"-Hypothese ist so vereinfacht in der Anthropologie nie ernsthaft angenommen worden, sondern beruht auf populärwissenschaftlichen Fehldeutungen wissenschaftlicher Theorien, konkret der „Expensive-Tissue-Hypothese". Diese populärwissenschaftliche Fehldeutung ist in doppelter Hinsicht falsch.
1. Die Theorie hat selbst nie einen direkten Zusammenhang zwischen Fleischkonsum und der Encephalisierung bei der stammesgeschichtlichen Entwicklung (Phylogenese) des Menschen angenommen.
2. Die „Expensive-Tissue-Hypothese" gilt selbst als bereits überholt.

Anhänge der sogenannten Paleo-Diät nutzen die ETH in ihrer missverstandenen Form als Unterbau der Hypothese, dass Fleischkonsum in unserer Stammesentwicklung eine herausragende Rolle gespielt hat und wir daher annehmen können, dass unser Organismus besonders gut auf eine stark fleischhaltige Kost eingestellt ist. Im Gegensatz zu den selbsternannten Ernährungsgurus der Paleobwegung und ihrer ahnungslosen Gefolgschaft macht in der wissenschaftlichen Paläontologie niemand ernsthaft solche Annahmen und es ist mir auch kein seriöser Paläontologe bekannt, der ernsthaft glauben würde, dass man anhand der Ernährungsgewohnheiten unserer Vorfahren Diätratschläge ableiten könnte.

Navarette et al 2011 beschäftigen sich in ihrer Veröffentlichung mit der ETH und präsentieren sowohl jüngere Daten die ein den Annahmen ETH entgegengesetztes Bild zeichnen. Sie richten ebenfalls einen kritischen Blick auf die statistischen Auswertungen von Aiello & Wheeler 1995 (den Begründern der ETH). Durch Korrektur der ursprünglichen Daten auf konfundierende Faktoren lassen sich Ergebnisse erzeugen die die ETH genau sowenig stützen, wie die neueren Daten von Navarette et al.

Quelle: Ana Navarrete, Carel P. van Schaik, Karin Isler. Energetics and the evolution of human brain size. Nature, 2011; DOI: 10.1038/nature10629

Ist es nicht wissenschaftlich anerkannt, dass tierisches Protein wichtig für uns ist?
Zunächst einmal ganz kurz: NEIN! Dieser Mythos existiert nur in den Köpfen uninformierter Menschen. Natürlich gibt es immer Studien, die in die eine Richtung gehen und es gibt Studien, die in die andere Richtung gehen. Das ist ganz normal. Speziell bei Ernährung, wo eine ganze Industrie dahinter steckt, muss man auch bedenken, dass Studien nicht immer objektiv sind und muss deswegen mit Schlussfolgerungen ganz vorsichtig sein. Man kann nicht einfach jede wissenschaftliche Studie für bare Münze nehmen. Man sollte erst mal gucken: Wer hat die Studie geschrieben, wie wurde das Ganze finanziert? Wenn man dann feststellt, dass – ich sage es mal ganz plakativ – eine Molkerei eine Studie finanziert, die herauskriegt, dass Milch gut ist… ja, da kann man sich jetzt seine eigenen Gedanken dazu machen, ob das unbedingt so aussagekräftig ist.

Veganer müssen doch Vitamin B12 Präparate einnehmen, ist also eine vegane Ernährung von Natur aus nicht ausreichend, um gesund zu sein?
Vitamin B12 in natürlicher Form ist ein Stoffwechselprodukt von Mikroorganismen. Ein Grund, warum die Abdeckung des B12-Bedarfs heute ein Problem ist, ist die Tatsache, dass wir diese B12-produzierenden Mikroorganismen durch unseren besonders hygienischen Umgang mit frischen Lebensmitteln vernichten oder abwaschen, sodass wir zu wenig B12 in dieser natürlichen Form zu uns nehmen. Veganer können ihren B12-Bedarf ganz einfach durch Nahrungsergänzungsmittel decken. Dabei ist es interessant zu wissen, dass der Körper B12 für vier bis fünf Jahre speichern kann. Es stimmt, dass tierliche Produkte wie Fleisch und Milch oder Innereien B12 enthalten, jedoch stammt dieses B12 auch aus künstlich angereichertem Futter, da die Tierindustrie die essentiellen Mikroorganismen durch exzessiven Einsatz von Antibiotika ausrottet. Dieser massive Einsatz von Antibiotika birgt aber auch weitere Gefahren, wie etwa die Entstehung resistenter Krankheitserreger, gegen die wir in der Behandlung machtlos sind, wenn sie auf den Menschen übergreifen.

Ist Gen-Soja nicht gesundheitlich bedenklich und zerstört der Sojaanbau nicht große Regenwaldgebiete?
Die Sojaprodukte, die wir hier in Deutschland kaufen, sind aus Europäischer Produktion und bio und genfrei. Außerdem werden 98% des weltweit angebauten Sojas zur Tierfütterung verwendet. Das heißt nichts anderes, als dass die Tierindustrie sowohl die Sojamonokulturen, für die Regenwald zerstört wird, zu verantworten hat, als auch für die Existenz von Gensojaplantagen verantwortlich ist.

Wenn all diese Argumente, die Veganer vortragen zutreffen, wie kommt es dann, dass sie (Veganer) nur einen Bruchteil der Gesellschaft ausmachen?
Es hat zu jeder Zeit in der Menschheitsgeschichte Menschen gegeben, die ihrer Zeit voraus waren und dadurch zu Minderheiten ihrer eigenen Zeit gemacht wurden. Auch die Menschenrechtsbewegung hatte mit ähnlich verständnisloser Gegenwehr zu kämpfen, wie heute die Tierrechtsbewegung. Ebenso die Frauenrechtsbewegung. Heute ist es für uns selbstverständlich, dass ein dunkelhäutiger Mensch die gleichen Rechte genießen muss wie ein hellhäutiger Mensch, das war aber noch vor 150 Jahren in weiten Teilen des Westens undenkbar und ist es in manchen Teilen der Welt noch heute. So wie wir uns heute fragen, wie Sklaverei, Leibeigenschaft und dergleichen überhaupt je existieren konnten, werden sich unsere Nachfahren in einigen Jahrzehnten vielleicht fragen, wie wir jemals so selbstsüchtig auf Kosten der Tiere unseren Genuss und unsere Bedürf-

nisse ausleben konnten. Zu einem bestimmten Zeitpunkt in der Geschichte zur Minderheit zu gehören, sagt also rein gar nichts über die Gültigkeit des eigenen Weltbildes aus.

Verachtest Du Menschen die nicht vegan leben?

Ich selbst habe 26 Jahre meines Lebens gebraucht, um zu verstehen, warum es für mich nicht rechtens ist, ein Tier zu töten (oder besser töten zu lassen), um es zu essen. Ich habe dann weitere sechs Jahre gebraucht, um zu verstehen, dass wenn man Tierleid vermeiden möchte, nur eine vegane Lebensführung zielführend ist. Wie könnte ich also andere dafür verachten, dass sie noch nicht soweit sind. Es gibt allerdings etwas, dass ich sehr wohl verachte und das ist die Ignoranz derjenigen, die das Unrecht zwar sehen und im eigenen Herzen auch fühlen, aber nicht auf die Idee kommen, es einfach abzustellen, indem sie ihr Leben ändern. Die Leute erkennt man sehr leicht an ihrer unglaublich aggressiven oder spöttischen Reaktion. Es ist der eigene innere Konflikt, der sie aggressiv und zynisch werden lässt.

Aber es kann doch nicht sein, dass tierische Quellen gar keine Vorteile haben, oder? Gibt es denn gar keine Argumente für tierisches Protein?

Ja, Milchprotein bzw. Molkeprotein hat beispielsweise einen relativ guten Mix an Aminosäuren. Rein pflanzliche Quellen scheinen dem unterlegen, wenn man sich einzelne Proteinquellen gesondert anguckt. In dem Moment aber, wo ich zwei pflanzliche Quellen miteinander kombiniere, die sich gegenseitig ergänzen, habe ich dieses Problem mit dem Aminosäurenprofil nicht mehr. Also sind das sozusagen Argumente, die auf den ersten Blick zwar zu finden sind, die man aber problemlos dadurch lösen kann, dass man seine Ernährung mit etwas Cleverness konzipiert. Als Leistungssportler muss ich schon gewisse Dinge beachten, wenn ich mich rein pflanzlich ernähren will. Aber wenn ich das tue, dann ist meine Ernährung einer normalen Mischkost haushoch überlegen.

Hast Du nicht manchmal Lust auf ein Stück Fleisch oder ein Glas Milch?

Nein, habe ich nicht. Als Vegetarier geht das vielleicht noch, aber ich glaube mir würde schlecht werden, wenn ich jetzt noch einmal irgendwas tierischen Ursprungs

vor die Nase gesetzt bekäme. Das hatte ich als Vegetarier gar nicht. Ich konnte damals auch problemlos an einer Metzgerei vorbeigehen, ohne mich schlecht zu fühlen. Mittlerweile ist es tatsächlich so, dass sich mir alle Nackenhaare hochstellen, wenn ich den Fleischgeruch rieche. Also, das würde nicht mehr gehen, selbst wenn ich es wollte und ich will auch nicht.

Ist VEGAN nicht eine ziemliche Einschränkung im Bezug auf Vielfältigkeit?

Die genialste Erfahrung beim vegan werden war eigentlich, dass man eine gigantische Bereicherung hat, was die Kreativität angeht. Es ist ja so, dass viele Leute bei veganer Ernährung erst mal an extrem eingeschränkte Ernährung denken und an extrem wenig Variationsvielfalt. Aber das Gegenteil ist der Fall. Ich esse jetzt ungefähr doppelt so viele Ingredienzien wie früher, einfach weil ich so viele neue Sachen ausprobiert und so viel Neues gelernt habe.

Was würdest Du anderen gerne mit auf den Weg geben?

Wenn ich eine einzige Message hätte, dann würde ich den Menschen einfach sagen, dass sie sich nicht einreden lassen sollen, dass sie selber nicht zählen. Jeder einzelne Mensch kann etwas bewirken, kann etwas verändern auf der Welt. Ich glaube, das vergessen wir ganz schnell, weil wir denken, dass wir selbst zu klein sind, zu unbedeutend für die ganze Welt. Da gibt es einen sehr schönen Ausspruch von Dalai Lama. Der geht so in die Richtung: Wenn du glaubst, zu klein und zu unbedeutend zu sein, um etwas zu bewirken, dann versuche mit einer Mücke in einem Raum zu schlafen. Ich glaube, das bringt es auf den Punkt. Die Größe ist nicht immer das, was zählt. Das Wichtigste, das Zentralste, was ich als Botschaft wirklich mitgeben will, ist, daran zu glauben, dass man selbst zählt, dass man nicht in der Masse untergeht, sondern dass man etwas in der Welt für sich und für andere verändern kann. Jede Entscheidung, die man trifft, zählt. Das ist etwas, das wir im Alltag einfach vergessen. Jede Entscheidung zieht eine ganze Kette von Konsequenzen nach sich, eine ganze Kettenreaktion von Dingen, die in der Welt bewegt werden, nur durch eine einzige Entscheidung, die wir treffen. Wenn man sich das klar macht, versteht man, glaube ich auch, wie wichtig man selbst wirklich ist.

Was ist denn so schlimm an Eiern?

Wenn man weiß, dass das Ei nichts anderes als die Menstruation eines Huhnes ist und dass diese bei Wildhühnern eben deshalb etwa 12 Mal im Jahr „passiert", dann dürfte sofort einleuchten, dass es immer mit Tierquälerei verbunden ist, wenn man ein Huhn züchtet, dass 180-300 Eier im Jahr legt. Man muss nur mal eine Frau fragen, wie sie sich fühlen würde mit 300 Regelblutungen im Jahr anstatt 12, um zu verstehen, dass es selbst bei Freilandhaltung keine für das Tier leidfreie „Produktionsform" gibt. Wenn man jetzt noch weiß, dass täglich hunderttausende männliche Küken sofort nach dem Schlupf getötet werden, weil sie für die Fleischproduktion nicht „effizient" genug sind und nun mal auch keine Eier legen, dann sollte einem das nächste Omelette ziemlich im Halse stecken bleiben, wenn man emotional nicht bereits tot ist.

Ich finde, die Politik sollte etwas gegen die gesellschaftliche Ausbeutung der Tiere tun.

Klar wäre es toll, wenn die Politik helfen würde, indem Sie den Markt zügelt anstatt Massentierhaltung auch noch durch Subventionen zu belohnen. Darauf haben wir aber keinen unmittelbaren Einfluss. Auf unser Konsumverhalten schon. Auf die Politik zu verweisen ist nichts anderes, als ein netter aber durchschaubarer Trick unseres Unterbewusstseins, damit wir uns weiter wohl in unserer Haut fühlen, ohne unser Verhalten ändern zu müssen, obwohl wir bereits merken, dass damit etwas nicht stimmt.

Ist ja toll dass Du vegan lebst, aber solltest Du dann nicht auch auf Smartphone und Auto verzichten?

Ich verzichte bewusst nicht auf moderne Kommunikations- und Fortbewegungsmittel und bin mir der hässlichen Seite meines Konsums durchaus bewusst. Allerdings sind diese Dinge ein notwendiges Übel, das ich in Kauf nehme, um am gesellschaftlichen Leben teilnehmen zu können. Würde ich aus der Gesellschaft aussteigen, wäre den Ideen, die ich verbreiten möchte, immerhin am wenigsten geholfen. Eier Milch und Fleisch sind aber keineswegs notwendig, weder gesundheitlich noch um ein Teil der Gesellschaft zu sein. Ich bin mir also meiner eigenen „Makel" bewusst. Allerdings versuche

ich ständig so viel wie möglich dafür zu tun, dass mein Verhalten der Welt mehr „nutzt" und weniger „kostet", zum Beispiel indem ich bei meinen eigenen Produkten darauf achte, dass diese fair und bio produziert sind.

Ist für dich der „Sinn des Lebens" die „Weltverbesserung?"

Wenn ich dabei mein Leben genießen kann, warum nicht? Ich möchte einfach nicht umsonst hier gewesen sein. Ich bilde mir ein, die meisten Vorzüge eines eher hedonistisch orientierten Lebens zu kennen und finde diese zwar spannend aber nicht erfüllend. Lust ja, aber soweit es geht nicht auf Kosten anderer und wenn ich ohne großen Aufwand die Situation anderer erheblich verbessern kann, dann mache ich das gerne. Wenn man sich klar darüber ist, dass jeder Tag der letzte für einen sein kann, dann verlieren viele Dinge ihren Glanz und es wird einem allmählich klar, was wirklich wichtig ist. Ich möchte gerne Spuren auf dieser Welt hinterlassen.

Ist es nicht etwas übertrieben mit allem mitzufühlen, was „kreucht und fleucht"?

Ich glaube, ein großer Teil des Problems, dass viele tierische Lebewesen haben, ist, dass der Mensch ihre Schmerzäußerungen nicht wahrnimmt und daher sein Herz „taub" bleibt für das von ihm ungehörte Leid. Wenn man den Todesschrei einer Fliege hören könnte, würden sicher weniger Menschen leichtfertig zur Klatsche greifen. Ich habe mich mal während meiner Studienzeit in Saarbrücken während einer Busfahrt zur Uni zum „Apfel" gemacht, indem ich eine winzige Raupe-sie war nur bei genauem Hinsehen überhaupt sichtbar- vom Boden des Busses, wo sie drohte zertreten zu werden, aufgelesen habe, um sie raus aus dem Bus und in Sicherheit zu bringen. Klar haben einige emotional zurückgebliebene Mitmenschen gelacht und ihre Witzchen über den dicken Ausländer gemacht, der am Boden rumkriecht um einen „Wurm" aufzuheben. Aber ich dachte mir, wenn ich die Raupe wäre, dann wäre es schön, wenn mir jemand aus dieser Todesfalle helfen würde und nur darum geht es. Sobald man die Welt mit den Augen der Hilflosen sieht, weiß man sehr genau, was zu tun ist.

Pflanzen leiden ja auch, wenn sie getötet werden. Ist der ethische Veganismus dadurch nicht schon ad absurdum geführt?

Für die Fleischproduktion müssen um ein Vielfaches mehr Pflanzen „sterben" als für die vegane Ernährung. Oder denkst Du ein Rind lebt von Sonne und Luft? Außerdem möchtest Du mir mal bitte erklären, wie man ohne Gehirn leidet! Ich habe mein Diplom mit dem Schwerpunkt Neuropsychologie abgeschlossen und mir ist da keine biologische Grundlage bekannt. Vielleicht kannst Du mich ja eines Besseren belehren. Die Natur ist nicht so sadistisch, einen Organismus hervorzubringen, der sich nicht fortbewegen kann, aber dennoch Schmerz empfindet, wenn er verletzt wird. Schmerz ist in unserem Körper lediglich ein Signalsystem, das uns dazu bringen soll, vor Gefahren zu flüchten. Pflanzen können das nicht und haben deshalb auch kein Schmerzempfinden.

Ist es nicht eine schlimme Bevormundung, wenn Eltern ihre Kinder zwingen sich vegan zu ernähren?

Das tun alle Eltern. Denk mal kurz darüber nach! Ich könnte den Spieß umdrehen und sagen, dass meine Eltern mich gezwungen haben, Fleisch zu essen. Meine Eltern haben das getan, was sie für das Beste für ihr Kind gehalten haben und ich würde das genauso tun. Für mich persönlich wäre es auch unter den von dir beschriebenen Bedingungen undenkbar, Tiere zu töten, um sie zu essen. Der Grund liegt einfach darin, dass es keinen Zwang dafür gibt und ich daher außer der eigenen Genusssucht keine andere Veranlassung dafür hätte. Genuss ist aber in meinen Augen keine Rechtfertigung dafür, einem Tier sein Leben zu rauben. Natürlich finden Menschen immer die kreativsten Argumente, um das eigene Gewissen zu erleichtern. Ich selbst habe das jahrelang gemacht.

Aber ist vegan nicht unnatürlich? Das kann man doch mit der Mischkost, die normale Kinder kriegen nicht gleichsetzen!

„Normale" Mütter geben Ihren Kindern Kuhmilch. Wenn Du einige Wochen auf Milchprodukte verzichtest, wird sich bei dir allmählich eine Laktoseintoleranz einstellen. Warum? Weil unser Körper von Natur aus nicht für die Verdauung von Kuhmilch ausgelegt ist. Kuhmilch ist Muttermilch einer anderen Art und macht uns krank. Der Grund, dass Du sie überhaupt verträgst, ist die Anpassungsfähigkeit unserer Körper. Natürlich ist das Trinken von Kuhmilch nicht und trotz-

dem wird sie Milliarden von Kindern täglich eingeflößt.

Bist Du gläubig?

Nein, ich bin zwar getauft aber würde mich selbst als Agnostiker bezeichnen. Es war im Übrigen mein Mitgefühl mit hilflosen Geschöpfen, welches mich mit 12 Jahren vom monotheistischen Gotteskonzept abgebracht hat. Ich musste mir als Kind mit ansehen, wie unser damaliger Vermieter ein neugeborenes Hasenbaby tötete, indem er es mit Schwung gegen eine Wand warf. Danach warf er die Leiche einfach auf den Komposthaufen. Ich holte, nachdem der Mann weg war, das Tier aus dem Kompost und nahm es mit in mein Zimmer und betete zu Gott, dass er das, was dem hilflosen kleinen Tier geschehen war, ungeschehen machen sollte. Ich weinte und flehte und als mir klar wurde, dass meine Gebete umsonst waren, schlug meine Trauer in Wut um. Mir wurde klar, dass sich niemand um dieses kleine Geschöpf scherte und dafür hasste ich Gott (eigentlich die ganze Welt). Mit der Zeit wurde mir aber klar, dass mein Hass gegen eine Halluzination gerichtet war und ich fand meinen Frieden. Das Hasenbaby wurde begraben und mit ihm mein Glaube.

Bist Du gegen jede Form von Glauben?

Nein, ich selbst sehe das Göttliche in allem Leben und auch in mir Selbst als kleines Partikel eines Universums, dessen Beschreibung vermutlich jenseits dessen liegt, was menschliche Begriffe zu fassen im Stande sind. Aber ich brauche keine verdrehte menschenerdachte Religion. die mir erklärt warum all das, was uns umgibt nichts anderes sein kann, als göttlich. Und was ich am wenigsten brauche, sind gepuderte alte Männer die der Welt IHRE Agenda aufzwingen wollen.

Aber bringt Religion nicht auch eine Menge Gutes hervor?

Wenn die Religionen auf all den sinnlosen mythologischen und politischen Ballast verzichten würden und sich lediglich auf die Vermittlung einer Philosophie konzentrieren würden, die darauf abzielt, das Leben auf unserem Planeten für alle (Mensch und Tier) angenehmer zu gestalten, dann wäre die Lage eine andere. Aber wenn man schon sieht, wie sich die Oberhäupter einzelner Konfessionen innerhalb der gleichen Religion schlimmer bekämpfen, als die Chefs von konkurrierenden Konzernen in der Wirtschaft, dann bin ich doch froh, dass zumindest bei uns diese Herren politisch nicht mehr viel zu melden haben. Das Interessante ist aber, dass wenn man das Neue Testament liest, einem schnell klar wird, dass die Person, welche dort als Jesus von Nazaret beschrieben wird, nichts anderes als ein Hippie war, der die Kirche abschaffen wollte. Wenn es den Kerl wirklich gegeben hat, dürfte er zutiefst traurig sein, was die großen christlichen Vereine aus seinen Ideen gemacht haben.

Ist es nicht überheblich, als Mensch über Gott den allmächtigen urteilen zu wollen?

Gehen wir mal davon aus, dass ein solches Wesen existiert. Wir reden dann über denjenigen, der Abraham auftrug, ihm seinen Erstgeborenen als Brandopfer darzubringen, nur um auf sadistischste Weise zu testen, ob dieser gehorchen würde. Wir reden über denjenigen, der Kinder für das bestraft, was ihre Eltern verbrochen haben (auch unter Erbsünde bekannt). Wir reden über ein Wesen, welches nach Angaben des Alten Testaments millionenfach gemordet hat oder Morde in Auftrag gegeben hat. Oberste Instanz dreier Religionen, die noch bis in unsere heutige Zeit in seinem Namen morden, ohne dass er etwas dagegen unternimmt. Du wirst es mir hoffentlich nachsehen, wenn ich dir sagen muss, dass dieses Wesen, wenn es existiert, vermutlich ein größeres Arschloch ist, als Hitler je hätte werden können. Unbarmherzig, eifersüchtig, selbstherrlich und rachsüchtig... hab ich noch was vergessen? Mit Sicherheit! Ich bilde mir nicht ein über eine höhere Macht urteilen zu können. Ich erkenne aber an den offensichtlichen Schwächen, des monotheistischen Gotteskonzeptes, dass es sich dabei um eine vom Menschen erdachte Figur handelt die genauso reell ist, wie der Osterhasen. Und genauso viel Respekt wie der Osterhasen oder Benjamin Blümchen hat diese Figur auch verdient. Nur dass der Name der beiden letzteren in der Menschheitsgeschichte wesentlich seltener zur Rechtfertigung von Mord und Totschlag verwendet wurde.

„Denkt er, wegen ihm wird jetzt auch nur ein Schwein weniger geschlachtet?"

Diese rhetorische Frage drückte die recht zynische Haltung eines Menschen aus, der auf mein erstes Interview, in welchem ich meine Entscheidung mich künftig vegan ernähren zu wollen, bekanntgab und auch begründete, reagierte. Was dieser Mensch aber eigentlich sagen wollte, ist, dass wir alle als einzelne nicht zählen und es sinnlos ist, zu versuche, Gutes zu tun, weil wir als Einzelne nichts bewirken können.

Heute weiß ich, dass da draußen Tausende von Menschen durch mein Beispiel inspiriert, den gleichen Richtungswechsel vollzogen haben. Glaube ich wirklich, dass wir dadurch etwas bewegt haben? Ja und ich bin mir sogar sehr sicher! Damals habe ich den Zweiflern, die mich für einen

Spinner hielten, gerne mit einem Bild geantwortet. Ich habe immer nur gesagt: „Jeder Regen beginnt mit nur einem einzigen Tropfen." Heute kann ich noch hinzufügen: „Stell dir vor, wie wenig ein einziger Wassertropfen bewirken kann! Und nun stell dir vor, was passiert, wenn abermilliarden Wassertropfen sich entscheiden, mit rasender Geschwindigkeit in eine Richtung zu fließen und Du bist im Weg!"

Lass dir nicht einreden, dass deine Entscheidungen nicht zählen! Du veränderst jeden Tag die Welt. Es ist deine Entscheidung, ob sie durch dich zu einem schöneren oder einem hässlicheren Ort wird. Schaffe eine Welt, die so ist, wie Du sie dir und anderen wünschen würdest!

BADASS TAGESPLAN
Ihr wolltet es so!

Bisher habe ich mich beharrlich geweigert, irgendwelche genauen Ernährungspläne oder Tagesabläufe herauszurücken, weil ich der Meinung bin, dass solche Pläne immer nur zu sinnlosem Unfug verleiten und mein Plan genauso wenig für jeden anderen geeignet ist, wie meine Schuhe (von meinen Schweißfüßen will ich jetzt mal nicht anfangen).

Weil ihr aber in diesem Buch einen gewissen Einblick in meine grundlegenden Ernährungsprinzipien und Ansichten erhalten habt, will ich es wagen, euch einen typischen Trainingstag zu skizzieren. Bitte denkt daran, dass dieser Plan auf meine Bedürfnisse abgestimmt ist. Ihr findet natürlich alle angegebenen Mahlzeiten, Smoothies und Shakes, bis auf den Wassershake, der aus Wasser und Proteinpulver besteht, hier im Buch.

09:00	Morgens Frühstück - meist ein BABOUMIAN-SHAKE
11:00	Zwischendurch ein paar gemischte Nüsse
13:00	Zum Mittag - Bohneneintopf mit Reis (KHORESHD)
13:30	Als Nachtisch einen Liter Sojakakao
15:00	Zwischendurch einen Smoothie (z.B. FOUNTAIN OF LIFE)
17:00	Vor dem Training einen Shake (Wasserbasis) mit 50 g Soja-Isolat und ein veganes Calciumpräparat mit D2 (D3 ist nicht vegan)
17:00	Training Während dem Training trinke ich entweder Wasser oder ein selbst gemischtes Iso-Getränk (BADASS ISOPOWER)
19:00	Nach dem Training einen Smoothie (z.B. RECOVERY KICKSTART) mit Creatin, 50 g Mehrkomponentenprotein, Vitamin C, Zink und Magnesium
20:00	Zum Abendessen - Tofu mit Reis und Süßsauersoße (TOFU SÜSSSAUER)
22:00	Zwischendurch Erdnüsse
00:00	Vor dem Schlafengehen Proteinshake (Wasserbasis) mit Leinsamen-Öl

VEGAN-BADASS

Im Herbst 2012 habe ich eine Kampagne ins Leben gerufen, die darauf abzielt, meine Version des veganen Lebensstils als Image auf Kleidung und andere Produkte zu übertragen und so jedem die Chance zu geben, über diese Shirts, Hoodies, Buttons oder Sticker ein Statement abzugeben. Um ehrlich zu sein, habe ich erwartet, dass nur eine Handvoll Leute mitmachen würden, als ich das erste T-Shirt unter dem Label „Vaggressive – Raging Bull Clothing" produzieren ließ. Es handelte sich um ein schwarzes Shirt mit neon-grünem Aufdruck. Das Motiv ist ein gezeichneter Stierkopf über einem Schriftzug. Die Zeichnung wurde mir von Bastian, dem Ehemann meiner Exfreundin Katja, zur Verfügung gestellt und war von diesem ursprünglich als Tattoomotiv gedacht. Katja und Bastian hatten mir einen Scann der Originalzeichnung geschickt. Der Schriftzug unter dem Stierhaupt lautet „I AM A VEGAN BADASS". Zu meiner eigenen Überraschung entwickelte sich letztlich aus der Idee zu dem Shirt eine regelrechte Bewegung und bis heute haben mir bereits unzählige „VEGAN-BADASSES" ein Bild von sich in ihrem VEGAN-BADASS-Shirt geschickt.

Das Wort Badass lässt sich nicht eins zu eins ins Deutsche übertragen. Ich würde es mit „knallharter Typ" übersetzen, wenn es substantivisch gebraucht wird und adjektivisch als „knallhart". Die meisten Wörterbücher geben aber „krasser Typ" oder „krass" als Übersetzung an. Ich finde es ist durch seine vulgäre Umgangssprachlichkeit ein perfektes Gegengewicht zum Konzept „Vegan". Während bei dem Wort Vegan semantisch Begriffe wie rational, mitfühlend und sogar emotional verweichlicht mitschwingen, drückt das Wort Badass genau die Antithese der „weichen" Seite des Veganen aus. Die Kombination aus Beidem war für mich persönlich genau das, was mein Selbstbild am besten beschreibt. Eine Kombination aus Kopf und Körper, aus Herz und Faust, aus Mitgefühl

und einer Wut gegen die Ungerechtigkeit, ein aggressiver Beschützer, eben ein VEGAN-BADASS. Diese Verschmelzung von Mitgefühl und Wut spiegelt sich auch im Labelnamen „Vaggressive" wieder. Das „V" steht für vegan und das Wort „aggressive" dient als Suffix. Ein VEGAN BADASS ist jemand, der auf sein Herz hört, ohne dabei seine eigene Stärke zu verleugnen. Ein VEGAN BADASS ist jemand, der sowohl positive Energie (Liebe), aus auch negative Energie (Wut) nutzt, um den Hilflosen die Hand zu reichen und ihren Peinigern eine Ohrfeige angedeihen zu lassen. Die Gesellschaft zwingt uns ständig in ein emotionales Korsett, das uns vorgibt negative Energie aus Emotionen, wie Wut, Trauer und Frustration herunterzuschlucken. Auf Dauer ist dieses Verleugnen der eigenen Emotionen aber ungesund. Ich halte es für sinnvoll, seine negative Energie nicht zu unterdrücken, sondern in den Dienst eines positiven Zweckes zu stellen. Wenn ich meine Wut auf die Ungerechtigkeit in dieser Welt im Training auf ein Stück Eisen oder Beton richte, dann stelle ich diese Energie in den Dienst meiner eigenen sportlichen Entwicklung. Meinen Sport aber nutze ich zugleich, um andere Menschen zu informieren. Somit stelle ich also meine eigenen negativen Energien in den Dienst einer Sache, die letztlich andere positiv inspiriert. Natürlich kann man auch lernen, seine negativen Gefühle durch kognitive Umdeutung und andere Techniken sozusagen zu löschen. Ich halte das aber für Verschwendung. Deshalb sage ich: „V-Aggression statt Meditation!" und ich bin nicht allein. Eine Vaggressive-Armee von VEGAN-BADASSES ist da draußen. Sie wächst von Tag zu Tag und bald wird es unmöglich sein, sie zu ignorieren. Wir stellen uns der gesellschaftlichen Ignoranz in den Weg!

Wir sind Pflanzenfresser mit **B i s s !**

DANKE!

Wir danken allen tollen und lieben Mitmenschen, die uns bei der Realisierung dieses Buches unterstützt haben. Allen voran danken wir Mama Badass Zaghgosh, die ihre persischen Rezepte beigesteuert hat.

Ein besonderer Dank gebührt Hendrik Thiele und Holger Jendrusch für die „Starthilfe" bei der Layout-Gestaltung. Ihr wart eine gigantische Hilfe!

Dann danken wir allen Fotografen, die uns mit tollen Bildern versorgt haben, besonders erwähnt seien hier Dr. Labude, der das Cover-Motiv und viele Bilder im Inhalt beigesteuert hat und Hendrik Thiele, der die traumhaft schönen Bilder vom PETA Outdoor-Shooting zur Verfügung gestellt hat.

Nicht zu vergessen ist die langjährige Unterstützung von Pierre Lamely. Seit zwei Jahrzehnten begleitet er Patrik bei seinen Abenteuern in der Welt des Kraftsports durch „dick und dünn".

Ohne die Mithilfe von Mandy Voß, Brigitte Statetzny und Rainer Zimmermann , die bei der Korrektur mitgeholfen haben, wären wir ziemlich aufgeschmissen gewesen. Dafür unseren herzlichen Dank!

Ein außerordentlicher Dank geht an Herrn Dr. Ernst Walter Henrich, ohne dessen Unterstützung in dem diesem Projekt vorangegangenen Jahr vieles für uns schwerer zu stemmen gewesen wäre.

Unbedingter Dank gebührt auch Herrn Julian Wess, der das Projekt in letzter Minute durch sein Vertrauen in uns gerettet hat.

Zu guter Letzt danken wir unserem General Feldmarschall Hauptmann Eckhard Statetzny dafür, dass er uns regelmäßig den „Marsch bläst" und auch für seine motivierenden Kampfansagen! Go Vegan, Ecki!

IMPRESSUM

Originalausgabe ORGALAHAD MULTIMEDIA
© 2014 - alle Rechte vorbehalten
1. Auflage Januar 2014
ISBN 978-3-00-044550-7

Hinweis

Alle in diesem Buch enthaltenen Ratschläge, Hinweise und weitere Informationen beruhen auf Ansichten, Erfahrungen und Recherchen der Autoren. Es kann trotz sorgfältiger Prüfung, weder durch die Autoren, noch vom Verlag, eine Garantie für die Richtigkeit aller gemachten Aussagen übernommen werden. Eine Haftung des Verlags oder der Autoren für Personen-, Sach- oder sonstige Schäden ist ausgeschlossen.

Rezepte und Text

Katy Statetzny, Patrik Baboumian

patrikbaboumian.com
facebook.com/FruitySuzy
veganbadass.com

Layout und Titelgestaltung

Patrik Baboumian

Redaktion

Patrik Baboumian

Fotografie

Dr. Labude Fotografie
(Cover + S. 42-45, 49, 50, 90, 106, 112, 144)

Hendrik Thiele / PETA
(S. 2, 22, 141, 142, 152, 160)

Pierre Lamely / BodyXtreme
(S. 18, 40, 21)

Kumari Photography
(Cover Rückseite + S. 14, 137)

Mikołaj Jastrzębski
(S. 46, 48)

Aryn Lockhart
(S. 11)

Bartek Langer
(S. 6)

Sari Ylinen
(S. 126)

Caroline Pitzke & Christine Fiedler für PETA
(S. 136)

Konrad Wolff
(S. 158)

Patrik Baboumian
(Foodfotografie/private Bilder)

Klimaneutral gedruckt in Deutschland

veganganzanders.de

VERSUCHE NICHT, BESSER ZU SEIN ALS DIE ANDEREN!

VERSUCHE, BESSER ZU SEIN ALS GESTERN!